오해를 기회로 바꾸는 대화법

오해를 기회로 바꾸는 대화법

2025년 9월 30일 1판 1쇄 발행

지은이 ㅣ 야마모토 에나코
옮긴이 ㅣ 박현아
펴낸이 ㅣ 양승윤

펴낸곳 ㅣ (주)와이엘씨
　　　　서울특별시 강남구 강남대로 354 혜천빌딩 15층
　　　　Tel. 555-3200　Fax. 552-0436

출판등록 ㅣ 1987. 12. 8. 제1987-000005호
http://www.ylc21.co.kr

값 19,500원
ISBN 978-89-8401-271-4 03190

• 영림카디널은 (주)와이엘씨의 출판 브랜드입니다.
• 소중한 기획 및 원고를 이메일 주소(editor@ylc21.co.kr)로 보내주시면,
　출간 검토 후 정성을 다해 만들겠습니다.

오해를 기회로 바꾸는 대화법

야마모토 에나코 지음 ㅣ 박현아 옮김

뻗고 나서 후회한 말
다시 주워 담는 기술

영림카디널

'나는 대화가 어렵다.'

'대화 도중에 실수할까 봐 두려워서 사람을 잘 사귀지 못한다.'

당신은 이런 생각을 해본 적이 있는가? 이 책을 집어 들었다는 것은 이런 생각을 해본 적이 많다는 뜻 아닐까? 그런 당신이 꼭 알아두었으면 하는 사실이 있다.

대화를 할 때는 누구든 실수를 저지르거나 사고를 친다는 사실이다.

나와는 다른 사람과 관계를 맺는 이상, 아무리 조심해도 오해는 발생하기 마련이고 엇갈리는 일도, 대립하게 되는 일도 있는 법이다. 옆에서 봤을 때 아무리 대화 능력이 뛰어나고 사람들과 소통을 잘하는 것처럼 보이는 사람이더라도, 이야기를 잘 나눠보면 실은 대화 도중에 저지른 실수로 고민에 빠져 있기도 한다.

대화 능력이 뛰어난 사람이란 '절대 실수하지 않는 사람'을 가리키지 않는다. 상대와의 인연을 포기하지 않고, 실수를 실수로 끝내지 않으며 '실수를 수습할 수 있는 사람'을 가리키는 말이다.

오히려 많은 실수를 저지른 사람이야말로 다른 사람에게 다정하며, 어깨의 힘을 빼고 자신감 있게 상대와의 소통을 즐기는 경향이 있다. 실수의 횟수만큼 수습한 경험도 풍부하므로 실수해도 수습할 수 있다는 것을 알고 있기 때문이다.

이 책에서는 대화와 인간관계를 더 원활하게 만들기 위한 수습의 요령을 정리해 보았다. 구체적으로 떠올리기 쉽게, 자주 발생하는 상황을 통해 그 요령을 소개한다.

실수할 것 같다는 생각에 대화가 두려워진 사람들이 긍정적인 한 걸음을 내딛는 데 이 책이 도움이 되면 좋겠다는 마음을 담았다. 순서대로 읽지 않아도 좋으니, 원하는 페이지부터 펼쳐 읽어보길 바란다.

차례

 1장 한 번에 잘 대답하는 건 원래 어렵다

3장 대화가 힘든 사람이 착각하는 것

알고는 있지만 바로 적용하기에는

좀처럼 어려운 대화의 기술,

그렇다면, 내뱉어 버린 이후의

뒷수습부터 시작해 보는 건 어떨까?

한 번에 잘 대답하는 건 원래 어렵다

한 번에 대답이 나오지 않아 주눅이 들 때

'이렇게 했어야 했는데….'
'이렇게 말하는 게 나았을 텐데….'
'그렇게 말할 생각은 아니었는데….'
'대체 왜 그런 말이 나왔지….'

누군가와 시간을 보내고 혼자 집에 돌아가는 길이나 하루가 끝나고 침대 위에 누웠을 때, 이런 후회들이 머릿속에 빙글빙글 맴돈 적이 있는가? 정말 하고 싶었던 말이나 해주고 싶은 말이 있었는데, 이런저런 생각을 하다가 타이밍을 놓쳐 결국 하지 못한 경험이 있진 않은가? 또는, 머릿속에 있는 내용을 말로 잘 표현하지 못하고 의도치 않은 말을 해버려 상대와의 관계가 어색해진 적은 없는가?

누구든 '이제 와서 침착하게 생각해 보니 이런저런 말과 생각이 떠오르는데, 그때는 깨닫지 못했어'라는 생각을 많이 해 봤을 것이다. 나는 대화법에 대한 강연과 연구 등을 진행하면서 지금까지 5만 명이 넘는 사람들을 만나 왔다. 하지만 아무리 대화에 관한 기술과 소통 지식, 테크닉을 많이 알고 있어도 "모든 것이 완벽하며 한 번도 실패한 적이 없다"라고 말하는 사람은 한 번도 본 적이 없다.

물론, 후회는 없으면 없을수록 좋다. 언제나 옳은 선택을 할 수 있다면 당연히 좋다. 그럴 수 있다면 다른 사람과의 소통에 대한 고민이 분명 급격하게 줄어들 것이다. 하지만 현실은 '라이브'이며 우리는 날마다 애드리브를 하며 살아야 한다. 연극이나 영화처럼 시나리오가 있는 것도 아니며, 리허설이나 재촬영을 할 수도 없다. 순간적인 선택의 연속이자 진검승부인 경우가 대부분이다.

그래서 '절대로 실패하지 말아라'라는 것은 무리한 주문이다. 때로는 잘못된 선택을 하거나 순간적으로 좋은 방법이 생각나지 않아 어떻게 대응해야 할지 갈팡질팡할 때도 있다. 한 번에 옳은 대답을 하는 경우가 실은 터무니없이 어려운 것이 소통이며, 대화다.

그러니, 만약 실패하더라도 부디 '내게는 대화 능력이 없나 봐'라고 주눅 들거나 한숨 쉬지 말길 바란다. 누구나 대화를 하다 실수를 저지를 수 있으며 이는 어쩔 수 없는 일이기 때문이다.

중요한 것은
말을 수습하는 것

———

그렇다고 해서 '어쩔 수 없으니까!'라고 단념하거나 뻔뻔한 태도를 보이는 것은 바람직하지 않다. 여기서 행동을 멈춰 버리면, 상대와의 관계에 균열이 생겨날 뿐만 아니라 자신의 마음에 작은 응어리 같은 것이 계속 남아 있게 될 것이기 때문이다. 그때 느끼게 되는 어색함과 불쾌감, 서러움은 소화되지 않고 머물러 어쩐지 개운하지 않을 것이다. 이를 방치하게 되면 다시 같은 일이 반복될 수도 있다.

아무리 정교하게 만들어진 가전제품이나 컴퓨터라도 오류를 일으킬 수 있다. 그래서 가전제품이나 컴퓨터의 설명서에는 사용법과 함께 복구하는 방법이 쓰여 있다. 어떤 시스템이든 복구 매뉴얼이 존재한다.

대화도 마찬가지다. 한 번에 옳은 대답을 하는 것은 어려운 일이며, 때로는 오류를 일으킬 수도 있다. 하지만 수습할 방법은 있다. 심지어 그 방법은 절대로 커다란 용기나 노력이 필요한 허들이 높은 방법이 아니며, 정말 작은 행동과 말인 경우가 대부분이다.

이 수습 방법을 조금만 유념하면, 후회와 자기혐오를 줄이게 될 뿐만 아니라 조금 주저하고 있던 대화를 자신감 있게 마주할 수 있게 된다.

대화에서 저지른 실수는 대화로만 수습할 수 있다

'업무에서 저지른 실수는 업무로 수습하자.'

내가 기업에서 근무했던 시절, 선배에게 이런 가르침을 받은 적이 있다.

나는 업무에서 실수를 저질렀을 때, 다른 일로 기분을 전환하려고 했다. 확실히 그 순간에는 기분이 좋아졌지만, 현실적으로는 아무것도 해결되지 않아 아무리 시간이 흘러도 계속 후회만 할 뿐이었다.

그래서 실패에서 계속 눈을 돌리려고 하기보다는, 실패를 실패로 인정하고 손상된 믿음과 신뢰 등을 제대로 마주하며 '짚고 넘어가기'와 '수습하기'를 거듭해 나갔다. 그러자 상황이 나아졌고, 그 경험을 힘으로 바꿔나갈 수 있게 되었다. 이는 사람과의 소통에도 똑같이 해당하지 않을까?

'대화에서 저지른 실수와 후회는 대화로 수습하자.'

다른 사람과 긴 시간 동안 원활하게 소통할 때 중요한 것은, 실수하지 않기 위한 필사적인 노력이 아니다. 설령 실수를 저질러도 제대로 짚고 넘어가며 회복해 나가려는 의식과 기술을 갖는 것이 중요하다. 이러한 회복력, 즉 '수습력'을 익히고 마음에 응어리를 남기지 않는 기분 좋은 소통을 실현해 보자.

대화의 질은 '무슨 말을 할까'와 '어떻게 말할까'로

'대화(전달 방법)의 질을 높인다'라는 말을 듣는다면 어떤 방법을 떠올리겠는가?

- 내용에 깊이를 더한다.
- 상대의 흥미에 맞는 화제로 대화한다.
- 이유와 근거가 명확한 설득력이 있는 대화를 한다.

이러한 내용들도 물론 중요하다. 하지만, 대화의 질을 높이기엔 조금 부족하다.

아시아의 문화는 세계 최고의 '하이콘텍스트'라고 알려져 있다. 콘텍스트란 문맥을 의미한다. 즉, 하이콘텍스트란 문맥에 의존하는 비율이 높고, 말 이외의 표현에 의존한다는 의미다. 말 이외의 표현을 중시하기 때문에 '무엇을 말하는가'뿐만 아니라 '어떻게 말하는가'가 대화의 질을 크게 좌우한다. 그러므로,

- 결론부터 알기 쉽게 이야기한다.
- 상대와 상황에 맞는 적절한 전달 방법을 선택한다.
- 표정과 태도 등을 포함해 제대로 표현한다.

기분 좋은 대화를 하려면 이러한 의식들이 중요하다. 같은 내용이라도 전달 방법에 따라 상대가 받아들이는 인상이 크게 달라지기 때문이다.

하이콘텍스트와 대조되는 것이 '로우콘텍스트'다. 예를 들면, "그 일을 부탁할게"라는 말을 들었을 때 상대의 상황과 관계성, 지난 대화 등의 정보로 미루어 짐작하여 "알았어"라고 대답하는 것은 하이콘텍스트한 소통이다. "그 일이라는 건 ○○에 대한 거?"라고 말로 확인하는 것은 로우콘텍스트한 소통이다.

물론, 이는 문화와 관련된 것이니 좋고 나쁨이 없다. 여기서 중요한 것은 아시아에는 하이콘텍스트한 문화가 있다는 사실을 이해하고 어떻게 대응할지 알아야 한다는 것이다.

대화의 실수는
대부분 말투 때문에 발생한다

어째서인지 상대가 욱하거나 슬픈 반응을 보였을 때, 짐작가는 바가 없어서 불안했던 적이 있을지도 모른다. 대화에 문제가 생겼을 때는 사고방식보다는 말투나 태도에 원인이 있는 경우가 대부분이다.

'하고 싶은 말은 알겠는데 그런 말투(태도)는 잘못됐어.'

이런 말을 해봤거나 들어본 사람이 적지 않을 것이다.

예를 들면, 상대의 발언에 반대 의견을 말한다고 해 보자. 의견이 반대라는 것 자체에는 문제가 없지만, 상대가 이야기하는 도중에 끼어들어 부정하거나 명백하게 깔보는 태도를 보이고, 상대의 의견을 바보 취급하며 매도하면 큰 문제가 일어난다. 만약 나와는 정반대인 생각이더라도 상대의 의견을 존중하면서 침착하게 제대로 자신의 생각도 말한다면 말싸움이 아니라 대화가 된다.

나는 이전에 콜센터에서 일한 적이 있다. 그곳에서는 상품이나 서비스 내용에 관한 항의보다 대응한 직원의 태도나 말투에 관한 항의가 많았다. 차가운 대응, 무례한 말투에 큰 불만을 느끼고 항의를 하는 것이다. 내용보다도 전달 방법의 질이 강한 감정을 일으킨다.

사람은 모두 생각과 가치관이 다르다. 누구나 타인이 자신과 다르다는 것을 머릿속으로는 알고 있을 것이다. 즉, 다른 의견과 사물에 대한 견해, 받아들이는 방법이 다르다는 것 자체가 큰 문제가 되지는 않는다. 문제를 일으키는 것은 대부분 그 전달 방법과 표현이다.

꼭 정답이 아니더라도
수습할 수 있다

'옳은 방법이라는 게 있을까?'

'이 방법이 맞는 걸까?'

'어떤 게 정답일까?'

대화와 관련된 상담을 하고 있으면 이러한 말들을 들을 때가 무척 많다.

한 번 실수했다고 생각할 만한 일이 생긴 뒤 두려움을 느껴 더는 실수하고 싶지 않은 마음은 이해한다. '다음에는 옳은 정답을 말해야지'라고 생각하는 것도 당연하다. 하지만, 과연 '완벽한 정답'이라는 게 존재할까?

예를 들면, 어떠한 문제가 발생했을 때 일단 제대로 된 사과를 받고 싶다는 사람도 있는가 하면, 사과를 원하는 게 아니라는 사람도 있다. 행동보다 말을 중시하는 사람도 있는가 하면, 말보다는 행동을 중시하는 사람도 있다.

사물에 대한 견해와 생각은 다양하다. 나라가 바뀌면 문화와 상식이 완전히 달라지기도 한다. 당연하게도 정답 또한 언제나 한 가지가 아니다. 그러니, 정답을 고집할수록 고민하게 된다. 상대에 따라 상황에 따라 입장에 따라, 어떤 것이든 정답이 될 수 있으며 어떤 것이든 오답이 될 수도 있을 테니까.

대화에서 제일 안타까운 상황은 정답을 모른다는 이유로 아무것도 하지 않으며, 아무것도 할 수 없는 상황에 빠지는 것이다.

먼저 관계를 포기하지 않는 것이 최고의 수습법

이 책에서 말을 수습한다는 표현은 '옳은 상태로 만드는 것'과는 조금 다르다. 지금 문제가 발생했다면 그 문제를 조금이라도 '좋은 상태로 만드는 것'을 가리킨다.

상대가 화가 났거나 짜증을 내고 있다면 기분을 풀어주어 좋은 상태에 가깝게 만드는 것. 상대가 상처받아 주눅 들어 있다면 조금이라도 위로해 얼굴을 들게 만드는 것. 이는 정답으로 상황을 덮어씌우는 일과는 다르다.

'저질러 버렸다'라고 후회하는 일이 생겨도, 상대와의 관계가 그 순간 제로가 되진 않는다. 그러니, 제일 중요한 것은 관계를 포기하지 않는 것이다. '이제 어떻게 되든 상관없어'라는 태도를 취하면 애초에 수습할 방법이 떠오르지 않는다. 상황도 관계성도 방치하게 되니 점점 악화될 수는 있어도 좋아질 가능성은 작다.

'상대에게 미움받고 싶지 않아', '더는 관계를 망치고 싶지 않아'라는 마음이 너무 강해서 수습은커녕 아무 말도 할 수 없는 상태가 되는 경우가 적지 않다. 하지만, 실수를 저질렀을 때 정답이나 확신, 확증 같은 게 없어도 수습할 방법이 있을지 생각하며 상대와 마주하고 다가갈 방법을 고민한다면, 그 시점에 이미 수습의 첫걸음을 내디딘 것이다.

정답을 찾기보다는 할 수 있는 일을 찾아보자. 정답 같은 건 몰라도 괜찮다. 관계를 포기하지 않는 마음을 갖고 할 수 있는 일을 하자. 그것이 모든 대화의 첫걸음이다.

이 장에서는 단도직입적으로
'이럴 땐 어떻게 할까?'를 상황별로 알아본다.
분명 당신에게 맞는 방법을
찾을 수 있을 것이다.

2장

대화의 포인트와
실수를 수습하는 요령

직장 내 엘리베이터에서
둘만 남게 되었는데,
말을 걸 타이밍을 놓쳐
분위기가 어색해졌다

엘리베이터에 탔을 때는 매우 혼잡했는데 점점 사람이 줄어들어 같은 층인 사람과 둘만 남게 되었다. 그다지 얘기해 본 적 없는 사람인데, 상대도 내 존재를 눈치챈 것 같다. '말을 거는 게 좋을까?' 하며 주저하다가 타이밍을 놓쳐 침묵이 계속되고 있다. 미묘한 분위기다.

당신이라면 이럴 때 어떻게 할 것인가?

OK

"수고하십니다"라며
먼저 말을 건다.

NG

눈치채지 못한 척하거나
스마트폰을 꺼내
주의를 딴 데로 돌린다.

RECOVERY

그 자리에서
말을 걸지 못했어도
내릴 때 한마디를 건네자.

얼굴만 아는 정도인 사람에게 말을 걸기란 상대가 자신을 얼마나 알고 있는지 알 수 없으니 불안한 법이다. '어설프게 말을 걸다가 이상한 사람이라고 생각하면 어떡하지? "누구시죠?"라고 하면 부끄러운데…' 같은 생각이 행동을 방해한다. 침묵의 시간이 길어질수록 점점 말을 걸기 힘들어져 결국 아무 말도 할 수 없게 되는 패턴도 있다.

이럴 때 주눅이 들거나 자신을 책망하기 전에 기억해 두었으면 하는 것이 있다. 바로 마지막 인상이 제일 중요하다는 점이다.

처음과 마지막 순간에 내 인상을 바꾸자

심리학 용어 중에 '피크 엔드의 법칙'이라는 것이 있다. 이것은 어떤 사건에서 감정이 제일 고조되었을 때(피크)와 마지막(엔드) 부분이 사람의 기억과 인상에 제일 강하게 남는다는 법칙으로, 심리학자이자 행동경제학자인 대니얼 카너먼이 제창하였다.

예를 들면, 무척 혼잡한 놀이공원에서 놀이기구에 타기 위해 몇 시간이나 줄을 서는 일은 지루하고 피곤한 일이니 큰 스트레스가 된다. 하지만 막상 자신의 순서가 되어 놀이기구를 타고 신나게 즐긴 뒤 마지막에 상쾌한 기분으로 내리면, 그 전에 줄을 서느라 힘들었던 기억보다는 놀이기구를 탔을 때의 재미와 내렸을 때의 상쾌함이 인상에 강하게 남는다. 그렇기에 다시 긴 줄을 설 수 있게 되는 것이다.

즉, 사람의 인상과 기억은 사건의 모든 절차를 통해 생겨나지 않는다는 이야기다. 그러니, 설령 엘리베이터 안에서 어색한 시간이 흐르더라도 마지막에 남기는 인상으로 모든 상황을 수습하는 것도 가능하다고 할 수 있다.

중요한 것은
자리를 떠날 때의 한마디

대화를 해야 한다고 생각할수록 무슨 말을 해야 할지, 뭘 물어봐야 좋을지 이런저런 생각이 너무 많이 들 때도 있다. 하지만, 실은 대화를 하지 않아도 떠날 때 한마디만 하면 충분히 인간관계를 원활하게 유지할 수 있다.

예를 들면 상대가 엘리베이터에서 먼저 내릴 때는 열림 버튼을 누르면서 "안녕히 가세요"라고 말한 뒤 방긋 웃어 보자. 자신이 먼저 내린다면 "먼저 실례하겠습니다"라고 말한 뒤 목례를 하자. 이러기만 해도 상대에게 전해지는 인상이 변한다.

상대의 반응과 대답을 과하게 의식하기 때문에 말을 걸기가 두려워지고 주저하게 된다. 그저 한마디만이라도 좋으니, 말을 그곳에 '두고 오는' 느낌으로 이야기해 보면 '이럴 걸 그랬다'라는 후회도 적어질 것이다.

POINT

대화를 하지 않아도 마지막에
"안녕히 가세요"라고 말하면 괜찮다.

인사하고 나서
대화가
이어지질 않는다

아침에 사무실에 들어와 밝고 힘차게 "좋은 아침입니다!"라고 인사했지만 주변 사람들의 분위기가 좋지 않다. "아, 좋은 아침입니다…"라는 반응밖에 없고, 나만 들떠 있는 거 같아서 어색하다. 당신이라면 이럴 때 어떻게 하겠는가?

OK

분위기가 무거워지지 않도록
가능한 한 많은 사람들에게
먼저 말을 건다.

NG

반응이 없으니
나도 조용히 자리에 앉는다.

RECOVERY

한 명에게라도 괜찮으니
"요즘 ○○하네요?"라며
말을 걸어 본다.

인사는 사람을 상대하는 기본적인 열쇠라고도 한다. 어떤 상황이든 인사만은 잘하려고 노력하는 사람들도 많다.

아침에 출근하면 가능한 한 많은 사람들과 잡담이라도 나누면서 좋은 분위기 속에서 일을 시작하고 싶어진다. 하지만, 반응이 안 좋은 사람에게서는 어쩐지 접근하기 힘든 아우라가 느껴지며, 먼저 말을 걸기가 조금 두렵기도 하다. 게다가 성가신 사람이라고 여겨질까 봐 말 걸기가 내키지 않을 수도 있다.

그럴 때는 '모두에게'라고 생각하지 말고 '누구 한 사람에게만'이라고 생각해 보면 어떨까? 모두와 잡담을 나누는 것은 기력과 체력이 꽤 필요한 일이지만, 단 한 명에게라면 허들이 그다지 높지 않으니 쉽게 실천해 볼 수 있다.

가장 좋은 대화 소재는 현재 상황

그럼, 실제로 '오늘은 말 걸기 쉬워 보이는 저 사람과 이야기해 볼까'라고 생각했다고 하자. 다음 허들은 '무슨 이야기를 할까'다. 특히 그다지 친하지 않거나 대화할 기회가 적은 상대일수록 무엇에 흥미가 있는지 알 수 없으며, 갑자기 친한 척하

038

며 말을 걸면 위화감이 느껴질 것이다.

그럴 때 이런저런 생각을 하기 시작하면 어떻게 해야 좋을지 더욱더 알 수 없게 된다. 그러니, 우선 "요즘 ○○하네요"라며 현재 상황에 대해 말을 꺼내 보는 것을 추천한다. 왜냐하면 상대든 자기 자신이든, 사람은 현재의 상황에 관해 이야기하는 게 제일 쉽기 때문이다.

"그때는 ○○였죠"라며 과거의 이야기를 갑자기 물어보면 순간적으로 떠올리지 못할 수도 있다. "앞으로 ○○는 어떻게 될 거 같으세요?"라며 갑자기 미래의 이야기를 꺼내면 곧바로 대답할 수 없어 곤란해진다. 현재가 가장 가깝기도 하고 무엇보다도 제일 최근의 일이니 화제로 삼기 쉽다.

"요즘 꽤 춥네(덥네)요."
"요즘 비가 많이 내리네요."
"요즘 무척 바빠졌네요."
"요즘 전철에 사람이 많아졌네요."

당신이 실감하는 것은 상대도 마찬가지로 느끼는 경우가 많으니, 공감대 형성으로도 이어진다. 물론 때로는 상대가 다르게 느낄 수도 있지만, 그렇다고 해서 초조해할 필요는 없다. 중요한 것은 서로가 같은 것을 느끼고 있는지가 아닌, 대화하는 것이기 때문이다.

만약 "잘 모르겠는데요"라는 반응이 돌아온다면, 일부러 반론하거나 주눅 들지 말고 "어라, 저만 그렇게 생각했나 봐요"라며 가볍게 대화를 끝내면 된다. 단 한 번이라도 주고받는 대화를 나누게 된다면 인사 이후의 어색함을 해소할 수 있다. 이 가벼운 대화들이 쌓이고 쌓이면 이후에 마음의 거리가 변하게 될 수도 있다.

흥미진진하게 대화하는 것을 목표로 삼지 말고, 일단 인사한 뒤에 말을 한 번 더 주고받는 것을 목표로 해 보자. "요즘 ○○하네요"라고 말하려면 일단 자신이 최근 상황에 대해 잘 알고 있어야 한다. 평소에 조금씩 의식을 갖고 주변을 바라보는 것부터 시작해 보자.

POINT   대화의 시작은 "요즘 ○○하네요."

어떨 땐 어떻게 할까?

친구와

친구와 대화 도중
흐르는 어색한 침묵,
먼저 말해주기를 기다리느라
서로 마음이 불편하다

오랜만에 만난 A 씨와 함께 차를 마시게 됐다. A 씨가 말하기를 기다리고 있는데, 하고 싶은 이야기가 없는지 한두 마디 하고는 바로 입을 다물어버린다. 나도 특별히 물어보고 싶은 이야기가 있는 건 아니기에 몇 번이고 어색한 침묵이 흘렀다. 속으로 '어떻게 하지?'라고 생각하기 시작했다.

당신이라면 이럴 때 어떻게 할 것인가?

OK

상대의 소지품 또는 "지난번에
말한 일은 그 뒤에 어떻게 됐어?" 등
과거 상대의 발언과 언동을
힌트 삼아 이야기를 확장한다.

NG

상대의 이야기를 들어야 하니
"뭔가 하고 싶은 말은 없어?",
"뭐든지 좋으니 이야기해 줘"라고
재촉한다.

RECOVERY

"잠깐 얘기 좀 들어줄래?
실은 말이야…"라며
내가 먼저 이야기를 꺼내
상담한다.

"상대의 이야기를 잘 듣자."

대부분의 사람이 이런 말을 듣거나 해본 적이 있지 않을까? 확실히 모처럼 이야기하고 있는데 상대가 들어주지 않으면 외롭다. 이야기를 잘 듣지 않으면 상대를 이해할 수 없다.

그렇다고 해서 모두가 상대의 이야기를 듣자고 생각하고, 상대도 같은 생각을 한다면 서로가 듣기만 하는 처지가 되어버린다. 말하자면, 양측이 포수가 되어 글러브를 쥐고 "좋아, 던져봐!"라고 외치는 상태가 된다. 이러면 캐치볼을 할 수 없다.

좋은 관계를 형성하려면 말하기와 듣기의 비율이 3 대 7 정도면 적당하다고 한다. 자신이 말하는 분량보다 상대의 이야기를 듣는 분량을 늘려야 한다. 실제로 누군가가 자신의 이야기를 들어주면 인정 욕구(자신을 인정해 주길 바라는 마음)가 충족되고 카타르시스 효과(불안, 불만, 슬픔 등을 말하며 마음이 편해지는 효과)를 얻을 수 있다는 것이 밝혀졌다.

이렇듯 대화에서는 말하기보다 듣기를 중시해야 확실히 상대의 마음을 편하게 만들 수 있다. 그렇다고 해서 듣기에만 너무 의식을 기울이면 오히려 대화가 부자연스러워지며 재미가 없어질 수도 있다.

편안한 대화는
속마음을 보여 주는 것부터

심리학에는 '자기 개시의 반보성'이라는 개념이 있다. 이는 상대가 마음을 열면 자신도 마음을 열고 스스로에 대해 밝히고 싶어지는 현상이다. 즉, 눈앞에 있는 사람이 속마음을 보여 주고 있으니, 자신도 안심하고 보여 줄 수 있게 된다.

상대가 "실은 나 말이야…"라고 속내를 이야기해서, "실은 나도…"라고 얘기해 본 경험이 있지 않은가? 반대로, 자신에 관한 얘기는 "내 얘기는 됐어"라며 넘어가고 질문만 하는 사람에게는 믿음이 생기지 않아 본심을 얘기할 수 없었던 경험이 있진 않은가?

자신에 대해 이야기하기 때문에 상대의 이야기를 들을 수 있다. 그러니, 침묵이 불편할 때야말로 자기 속마음을 보여 주자. 상대의 마음을 열고 말을 끌어내자고 생각한들 뜻대로 되지 않을 것이다. 상대는 제 뜻대로 할 수 없지만, 자신은 가능하다.

물론, 거창한 속마음 이야기가 아니라도 괜찮다. 오늘 아침 본 개의 이야기든, 어젯밤에 본 텔레비전의 이야기든, 최근에 궁금한 이야기든, 사소한 화제라도 좋으니 "아, 그러고 보니…"

라는 말로 자기 이야기를 하는 것부터 시작해 보자.

　그래도 '역시 내 이야기를 하는 건 어려운데…'라는 사람
도 있을 것이다. 그럴 때는 주변을 둘러보자. 상대의 소지품이
나 벽의 그림, 창문 너머의 풍경, 예전에 나눈 대화 등에 의외로
대화에 활기를 줄 만한 힌트가 많이 흩어져 있다. 주변의 사물
을 화제로 삼으면 좋다는 것을 염두에 두면, 이야기할 때 곤란
해하거나 침묵으로 어색해지는 일이 적어진다.

POINT

자신의 이야기를 하면서
상대의 이야기를 끌어내는 계기를 만들자.

직장에서 점심 같이 먹자는 말을 계속 거절했더니 날 친해지기 힘든 사람으로 보는 것 같다

업무가 마무리되고 점심시간이 됐다. 당신은 누군가와 함께 시간을 보내는 타입인가? 가능하면 혼자 있고 싶은 타입인가? 때와 상황, 상대에 따라 다르다고 답하는 사람도 있을 것이다.

의도한 건 아니었는데 동료들의 점심 식사 권유를 계속 거절하니 불편한 거리감이 생겨버렸다. 당신이라면 이럴 때 어떻게 할 것인가?

O
OK

"다음에는 꼭 같이 먹어요"
라고 전하며
다음에 말을 걸기 쉬운
상태로 만든다.

X
NG

어쩔 수 없으니 포기하고
혼자가 좋은
캐릭터를 연기한다.

수습
하기
RECOVERY

"잠깐 가르쳐 주셨으면
하는 게 있는데요",
"도와주실래요?" 등
작은 부탁부터 시작해 본다.

점심시간은 휴식 시간이니, 그 시간을 어떻게 사용할지는 기본적으로 자유다. 직장이니 반드시 함께 보내야 한다는 규정은 없으며, 당연히 혼자 보내야 한다는 규정도 없다. 자신의 상태나 기분에 맞춰 그때그때 마음이 편한 쪽을 고르면 된다.

하지만, 혼자 시간을 보내고 싶다고 해서 점심 식사 권유를 몇 번이나 거절하면 상대가 전혀 말을 걸지 않게 되거나 나중에 무리에 끼기 힘들어지기도 한다. 상대의 입장에서 보면, 사정이 어떻든 거절당하는 것은 부정적으로 느낄 만한 일이며 더 나아가 거절이 몇 번이나 이어지면 자연스럽게 권하지 않는 게 좋겠다고 생각할 것이다.

상대가 말을 걸어주지 않게 되면 나도 모르게 '미움받게 된 건가?'라고 생각할 수도 있다. 하지만 실은, 대다수의 경우 미움받는 것이 아니라 '말을 걸지 않는 걸 좋아하겠지', '혼자 있고 싶은 사람한테 억지로 함께하자고 권하는 건 미안하니까'라는 생각에서 비롯된 일종의 사양과 배려일 때가 많다. 이런 미움을 지레짐작하여 정색하고 거리감을 넓히기만 한다면 안타까운 일이다.

정말 혼자 있는 것을 너무 좋아해서 '오히려 권하지 않는 편이 편한데 마침 잘됐네'라고 생각하는 사람도 있을 수 있다. 그렇다면 이야기는 달라진다. 하지만 확실히 혼자 있고 싶을 때도 있지만 그렇지 않을 때도 있고, 가능하면 거리감을 좁히고 싶을 때는 한번에 어떻게 하려고 하지 말고, 먼저 일상적으로 자신이 조금씩 교류를 늘리는 것을 추천한다.

자주 말을 걸면서
거리감을 다시 좁히자

심리학 이론 중에 '단순 접촉 효과'라는 것이 있다. 로버트 자이언스가 제창한 이론으로, 여러 번 보거나 듣거나 만지면 점점 그 대상에 대한 경계심이 옅어지고 친숙함과 친근감을 느끼게 된다는 이론이다.

예를 들면 몇 번이나 반복해 들으면서 좋아진 곡이나 언제나 같은 장소에서 보게 되어 어쩐지 친근하게 느끼는 사람이 있지 않은가? 특별한 것이 아니더라도 그저 보거나 듣는 경험이 반복되면 호의를 느낄 때가 있다.

특히, 아직 서로 잘 알지 못하는 시기에는 당연하게도 접촉 횟수가 적어진다. 그 상태에서는 불안과 경계심을 떨쳐버리지 못하기 때문에 행동을 조금 실수하기만 해도 서로 과하게 경계하게 되어 점점 거리감이 커지기 쉽다.

그렇기에 이미 생겨나 버린 거리감을 메우기 위해서는 이런저런 고민을 하는 것보다 조금씩 호의적인 접촉을 늘리도록 노력하는 것이 효과적이다. 가볍게 인사를 나누거나 근처를 지나가면서 목례를 하는 것도 물론 좋지만, 거리감을 메우려면 부탁이 더욱더 효과적이다.

사람에게는 근본적으로 자신을 인정해 주길 바라는 인정 욕구가 있기 때문에, 부탁을 받으면 상대가 자신을 필요로 한다고 느낀다. 그러니 상대의 부탁에 도움을 주면 '나는 이 사람을 좋아해서 도와준 것이다'라는 마음이 생겨 상대를 호의적으로 생각하게 되는 경우가 있다. 이를 심리학에서는 '인지적 불협화 이론'이라고 부른다.

불협화라는 것은 자기 안에서 모순이 생겨나는 것을 가리킨다. 상대가 싫다면 도와주는 행위에서 마음과 행동에 모순이 발생한다. 모순을 느끼는 것은 불편하며, 사람에게 바람직한 상태가 아니므로 피하게 된다. 그래서 인지, 즉 생각을 전환하려고 하게 된다. 좋아하기 때문에 도와준다고 생각하면 모순이 사라지며, 마음이 편해진다. 그래서 자신이 도와준 상대를 호의적으로 느끼는 경우가 많다.

그렇다고 해서 너무 큰 부탁을 하면 상대의 부담이 커져 도리어 불쾌하게 느낄 수도 있으니, 어디까지나 작은 부탁을 하는 것이 포인트다.

"조금만 알려주세요."
"잠깐 여쭈어도 될까요?"
"잠시 도와주시겠어요?"

물론, 너무 자주 민폐를 끼치면 본전도 찾지 못할 테니 모든 일을 부탁하지는 말자.

혹시 상대와의 거리감 때문에 고민하고 있다면, 뭔가 곤란한 일이 생겼을 때 조금만 용기를 내어 먼저 작은 부탁을 해 보자. 그러면 점점 서로 호감이 커져 둘 사이에 생겨난 골이 메워질 것이다. 그러면 마음이 맞아 점심시간에 대화할 기회가 생기고 업무나 일상에서의 대화도 조금 더 편해지지 않을까?

POINT

**"조금만 알려주실 수 있나요?"로
접촉 횟수를 늘리는 것부터 시작하자.**

험담을 늘어놓고
불만이 많은 선배와
같이 맞춰 주기가 힘들다

평소에는 결코 나쁜 사람이 아니지만, 다른 사람을 험담하거나
푸념과 불만만 토로하는 선배가 있다. 듣고 있으면 기분이 좋지
않아 가능하면 그런 이야기를 피하고 싶다.

하지만 "저는 그렇게 생각하지 않아요"라고 딱 잘리 말해서 관계
가 껄끄러워지거나, 역으로 자신이 험담의 대상이 되기도 싫다.
찜찜한 마음으로 본심과는 다르게 선배와 같이 험담을 하며 자
기혐오에 빠지게 되는데….

당신이라면 이럴 때 어떻게 할 것인가?

대화에 깊이
참여하지 않는 정도로
"그렇군요"라고 흘려듣는다.

일단 그 자리의
분위기를 망치지 않도록
적당히 험담을 해준다.

더는 말하지 않도록
스스로 제동을 걸자.

하고 싶지도 않고, 진심으로 그렇게 생각하지도 않는다. 하지만, 그 자리의 분위기를 고려해 자신도 모르게 험담이 입에서 새어 나오고 말았다.

후회하는 마음도 이해하지만 안타깝게도 내뱉은 말은 주워 담을 수 없다. 나중에 그 말이 본인의 귀에 들어가게 되면, "그런 생각으로 한 말이 아니에요"라고 아무리 말해도 이해받지 못할 수도 있다.

유머를
내 편으로 만들자

어떻게든 해야 한다고 생각할수록 긴장이 되어 진지해지고 심각해지기 쉽다. 이는 어떠한 상황이든 마찬가지다.

진지해지거나 심각해지는 것을 막고, 분위기를 망치지 않으면서 하고 싶은 말을 할 수 있는 방법 중 한 가지로, 유머를 섞어 말하는 방법이 있다. 여기서 유머란 분위기를 부드럽게 만들고 웃음을 끌어내는 고급 농담을 말한다. 폭소를 유발할 필요는 전혀 없으며 "큭" 하고 슬쩍 웃게 되는 대화 방식이다.

옛 동료 중에 다음과 같이 돌려 말하기를 무척 잘하는 사

람이 있었다. 예를 들면, 싫어하는 일에 휘말릴 것 같을 때는

"할머니가 유언으로 이런 일은 하지 말라고 하셨는데요."

싫어하는 대화를 할 것 같을 때는

"이런 이야기는 귀신이 좋아하는데. 귀신이 나타날 거 같아요. 저 진짜 무서운데 그만하시면 안 될까요?"

자신도 모르게 심한 말을 해버렸을 때는

"아, 이러면 안 되는데. 부정적인 말은 건강에 안 좋으니 의사가 하지 말라고 했는데."

등 무심코 주변 사람들이 "그럴 리 없잖아"라고 말하며 웃게 되어, "알았어. 그만하자"라고 자연스럽게 자제하게 되는 흐름을 만들었다.

포인트는 "자신을 위해 그만둔다"라고 말하는 것이다. 옳고 그름이나 선악이라는 어려운 문제가 아닌, 심플하게 "자신을 위해"라고 말하며 아무도 공격하지 않는 방법이다.

유머는 껄끄러운 자리를 벗어날 수 있는 비장의 카드가 된다. "아! 그리고 보니 오늘의 운세에 '예쁜 말을 쓰자'라고 쓰여 있었는데. 죄송해요. 이런 얘기는 이쯤에서 마무리하죠"라는 느낌으로 가볍게 물러나면 자신도 상대도 기분을 해치지 않고 안 좋은 마음을 정리할 수 있을 것이다.

POINT 곤란하다는 생각이 든다면 일단 멈춘 후
자신을 위해 하고 싶은 말을 하자.

"나도 알아"라고 말하며 공감해 줬더니 상대가 "그렇게 중간에 끼어들지 마"라며 화를 냈다

"다른 사람의 이야기는 끝까지 듣자."

어렸을 때부터 귀에 못이 박힐 만큼 들어온 말이라 머릿속으로는 잘 알고 있지만, 자신도 모르게 말하는 도중에 끼어들어 무의식적으로 참견한 경험이 있는 사람들이 적지 않을 것이다.

상대의 이야기를 듣다가 떠오른 말을 참지 못하고 상대의 말이 끝나기 전에 끼어들어 "그런 게 아니라"라고 말하자 상대가 눈에 띄게 안 좋은 표정을 짓게 되었는데….

당신이라면 이럴 때 어떻게 할 것인가?

O

OK

어떤 상황에서든 상대의 말을
마지막까지 들은 뒤에
이야기한다.

X

NG

"뭐가 달라?",
"그렇다면 그렇다고 빨리 말해야지",
"널 위해 하는 말이잖아"라고 한다.

수습
하기

RECOVERY

"쓸데없이 끼어들어서 미안해"라고
행동에 대해 제대로 사과하고
입을 다문다.

'네가 하고 싶은 말을 나도 알고 있어'라며 상대에게 다가가려 했던 마음이 '그렇다고 치고'가 되어 지레짐작과 성급한 판단을 일으키고, 도리어 상대에게 실례되는 행동을 저질러 버린다면 아이러니한 일이다.

이야기 도중에 끼어들어 "그 이야기를 먼저 해야지"라는 식으로 말하는 것은 너무 자기중심적인 대화 방식이다. 조금 냉정하게 생각해 보면 알 수 있다.

물론, 분명한 악의가 있거나 괴롭히기 위해 끼어든 것은 아닐 것이다. 오히려 공감하는 자세를 보이려 했으며 눈치 빠르게 행동하려 한 결과이다. 하지만, 눈치 빠르게 앞질러 가는 것은 상대의 입장에서 보면 기쁘다기보다는 민폐이자 쓸데없이 참견하는 일처럼 보이는 경우가 많다. 이를 해명하거나 수습하려 하다가 상대를 더욱 화나게 만들 수도 있으니 주의가 필요하다.

상대는
가만히 들어주길 원한다

해명하려고 하면 할수록, 여러 말을 찾게 되고 끄집어내어 이해받고 싶어진다. 하지만, 여기서 먼저 생각했으면 하는 것이 있다. 상대는 애초에 가만히 들어주길 원한다는 점이다. 자신이 이야기하고 싶은 내용을 전부 얘기하지 못하는 스트레스와 실망으로 초조한데, 이런저런 말을 더하면 더 화가 나기도 한다.

쓸데없는 변명을 하면 점점 더 상대가 이야기할 시간을 빼앗고 만다. 오래 해명하는 것보다는, "쓸데없이 말에 끼어들어서 미안해"라고 간단하게 한마디 한 뒤 입을 다물어야 상대의 마음도 진정된다.

자신도 모르게 끼어들었다는 것을 깨달았다면, 변명하지 말고 진심이 담긴 간단한 한마디로 사과하자. 중요한 것은 빨리 입을 다무는 것이다. 이를 깨달으면 일이 훨씬 효과적으로 수습되고, 진정한 배려로도 이어진다.

POINT

**말을 더하기보다
입을 다무는 것이 뒷수습이 된다.**

직장 동료가 실수해 놓고 남 탓하는 걸 지적했더니 분위기가 안 좋아졌다

만약, 옆에서 봤을 때 명백하게 실수를 저지른 동료가 다른 사람에게 그 책임을 덮어씌우려는 듯이 불만과 푸념을 늘어놓는 걸 듣는다면, 여러분은 어떻게 생각하고 행동할 것인가?

자신도 모르게 '사실대로 지적해 주고 싶다'라고 생각할 수도 있다. 그 기분은 이해하지만 주의가 필요하다. 바른말을 하고 싶겠지만 그러다가 상대와의 관계가 나빠지는 경우도 있기 때문이다. 당신이라면 이럴 때 어떻게 할 것인가?

OK

스스로 눈치챈 것처럼
자연스럽게 지적한다.

NG

원인은 그 사람에게 있으니,
"그건 네 실수잖아?"라고
논리 정연하게 설명한다.

RECOVERY

"그런데, 내가 뭔가
할 수 있는 일이 있을까?"라고
긍정적인 방향으로
이야기를 돌린다.

아무리 주의를 기울여도 실수는 일어나는 법이다. 정교하게 만들어진 기계와 시스템조차 오류를 일으키는 경우가 있는데, 살아있는 인간이라면 더욱이 그 확률이 당연히 높다. 하지만, 우리는 실수에 좀처럼 관대하지 못하다. 그것이 현실이다. 타인의 실수뿐만 아니라, 나의 실수조차 인정하고 싶지 않은 마음이 우선이 되어버리는 경우도 적지 않다.

경우에 따라서는 인정하고 싶지 않은 마음에 타인에게 심한 말이나 행동을 하기도 한다. 예를 들면, 말꼬리를 잡아 비난하거나 타인의 탓으로 돌리며 변명만 늘어놓는 것이다. 하지만, 아무리 사실이라고 하더라도 "네 잘못이잖아"라고 정면으로 부정당했을 때 마음이 편한 사람은 없다.

바른말로 설득하려고 하면 상황에 따라서는 상대를 궁지로 몰아넣게 된다. 상대가 당신을 적으로 여길지도 모른다. 일단 적으로 인정해 버리면 그 사람과의 사이에 깊은 골이 생겨날 뿐만 아니라 그 이후의 커뮤니케이션이 매우 힘들어진다. 그러므로 설령 바른말이라 할지라도 뒷수습이 필요하다.

바른말이
꼭 정답은 아니다

바른말이 세상을 정상적으로 유지하고 좋은 방향으로 이끄는 것은 확실하지만, 인간관계에서는 바른말이 공격이나 폭력이 될 때도 있다. 왜냐하면 애초에 옳음의 기준이란 사람에 따라 다르기 때문이다.

무엇이 옳음의 기준이 되는지는 사람의 가치관의 수만큼 다양한 형태가 존재한다. 예컨대 자녀 교육의 경우 엄격함이 옳다는 사람도 있는가 하면, 다정하게 대하는 것이 옳다는 사람도 있다. 어느 쪽이든 명확한 근거와 이유가 있으며, 견해에 따라서 어느 쪽이든 옳다고 할 수 있다.

중요한 것은 누가 나쁜가를 파헤치는 것보다, 앞으로 어떻게 할 것인가다. 이를 위해, "무언가 내가 할 수 있는 일이 있을까?"라는 긍정적인 방향으로 이야기를 돌려보는 게 어떨까?

상대를 정정하기보다 공감하는 자세를 보이면서 상대의 시선을 조금 돌리려고 의식해 보자. 그러면 긍정적인 이야기를 꺼내기 쉬운 상태가 되면서, 좀 더 건설적인 방향으로 나아가는 이야기로 이어지게 될 것이다.

실수 이후에 시선을 돌려
"내가 할 수 있는 일이 있을까?"라고 말하자.

이럴 땐 어떻게 할까?

친구와

"넌 왜 그렇게
부정적이야?"
라는 말을 들었다

상대의 말에 자신도 모르게 "하지만 말이야", "그렇지만"이라고
토를 다는 경우가 있다. 의도한 것도 아닌데 어느새 부정적인 말
이 입버릇이 되어 자신도 모르게 상대를 불쾌하게 만드는 것이다.
당신이라면 이럴 때 어떻게 할 것인가?

OK

"좋네", "그렇지" 등
긍정어를 의식적으로 사용하도록
노력한다.

NG

말버릇은 어떻게 할 수 없으니
어쩔 수 없다고 생각하며
아무것도 하지 않는다.

RECOVERY

"그 이유는"이라는 말을 더해
이유까지 확실히 말한다.

버릇은 자기 자신이 제일 눈치채지 못하는 법이다. 다른 사람에게 이야기를 들은 뒤에야 자신의 버릇을 눈치챈 사람들도 많을 것이다.

알기 쉽게 예로 들어보자면, 스피치나 발표를 할 때 "어, 그러니까…", "어…", "아…"와 같이 쓸데없는 말을 여러 번 할 때가 있다. 이런 말은 군말, 영어로는 필러(Filler)라고 부른다. 필러는 Fill(메우다)에서 온 말로, 말과 말 사이를 메우기 위해 쓰이는 말이라는 의미다.

나는 업무상 스피치나 대화법에 관한 트레이닝을 부탁받을 때가 있다. 수강생 중에는 이 필러를 많이 쓰는 사람들이 꽤 있는데, 이를 지적하면 모두 의외라는 표정을 짓는다. 이야기를 녹음해 들어보면 "제가 이렇게 말하고 있었다니, 깜짝 놀랐어요"라고 할 때도 있다. 말버릇은 자연스럽게 입에 붙어 튀어나올 때가 많으니, 자신은 눈치채지 못하는 경우가 많다.

필러뿐이라면 귀에 거슬리긴 하지만 상대를 상처 입히지는 않는다. 그러나 'G워드' 같은 말이 말버릇이라면 커뮤니케이션에 큰 장애 요인이 되니 주의가 필요하다. G워드란 '그래도', '그렇지만', '그야', '그래봤자'와 같이 'G' 발음으로 시작하는 부정의 의미를 가진 말이다. 이러한 말들은 사용하기만 해도 자기 의사와는 관계없이 부정적인 의미를 포함해 버린다.

G워드를 주의해야 하는 이유가 상대에게 부정당하는 느낌을 주기 때문만은 아니다. 이 말들을 사용하면 자동으로 부정적인 말이 이어지게 되고, 자기 머릿속에도 부정적인 견해가 박혀버리게 되기 때문이다.

시험 삼아 친구가 당신에게 다음과 같이 말했다고 상상해 보자. 그리고 '그렇지만'으로 ○○○○를 채우는 대답을 해 보자.

"다음 주말에 영화 보러 가자."
"그렇지만…. ○○○○."

어떤 말이 떠오르는가? "좋아", "재밌겠네", "어떤 영화를 볼까?"라는 말보다 "사람이 많지 않을까?", "최근에 재밌어 보이는 영화가 없는데", "영화는 그다지 좋아하지 않아"와 같은 말이 더 쉽게 떠오르지 않는가?

처음에 "그렇지만"이라고 운을 뗐으니 부정적인 말을 떠올리기 쉽다. 이러한 흐름에서는 기분 좋게 함께 영화를 보러 가는 전개가 펼쳐지기 어렵다.

가끔이라면 모를까, 언제나 이런 흐름이라면 상대도 기분이 좋지 않을 것이고, 화를 내거나 두 번 다시 권하지 않겠다고 생각할지도 모른다. 그렇다고 해서 상대의 말을 결코 부정해서는 안 된다는 얘기가 아니라는 점을 오해하지 말았으면 좋겠다.

사람은
이유를 알고 싶어 한다

사람은 납득하려면 이유가 필요하다고들 한다. 예를 들면, "서둘러"라고 그냥 말하는 것보다 "전철 시간이 다가오니까 서둘러"라고 이유와 함께 말하는 편이 설득력이 높아지며, 순순히 함께 서두르게 된다.

'그렇지만'과 같은 부정어도 마찬가지다. 단순히 이 말만 내뱉으면 부정적인 의미밖에 전달할 수 없다. 하지만 이유까지 더하면 단순한 부정이 아니라 이해할 수 있는 의견으로 바뀐다. 이를 위해, '왜냐하면'을 세트로 사용하길 바란다.

앞의 예시로 이야기해 보자면,

"다음 주말에 영화 보러 가자."

"그렇지만 사람이 많지 않을까? 왜냐하면 지금 화제인 영화가 막 개봉한 참이라 사람들이 영화관에 줄을 서고 있다는 얘기를 들었어. 혼잡한 건 가급적 피하고 싶으니 가능하면 사람이 적을 때 가는 게 좋을 것 같아."

　　라는 식이다. '왜냐하면'이라는 말에는 자연스럽게 '○○ 하니까'라는 이유를 담은 말이 이어지니, 이 말을 덧붙이기만 해도 의견을 명확히 전달할 수 있다. 자신도 모르게 G워드를 입에 담게 되었다면, 시간이 조금 지났어도 제대로 된 이유를 전달하여 수습하도록 하자.

POINT

　　　　　　G워드는 '왜냐하면'으로 수습하자.

몇 번이나 같은 것을 물어보는 상대에게 짜증이 나 "전에도 말했었지?"라고 차갑게 말했다

가뜩이나 바쁜 시간에 누군가가 같은 말을 몇 번이고 물어보거나 같은 실수를 되풀이한다면 평정심을 유지하기가 힘들 것이다. 이런 경우, 말해도 소용없다는 것을 알지만 그만 감정이 앞서버리게 될 수도 있다.

당신이라면 이럴 때 어떻게 할 것인가?

OK

상대의 의견을 들으면서
개선책을 생각한다.

NG

감정 그대로
짜증을 낸다.

RECOVERY

감정 '짜증 내고 말았다' →
생각 '솔직히 아쉽다' →
이유 '친절하게 알려줄 생각이었다' →
상담 '어떻게 하면 반복하지 않고
끝날 것인가'의 순서로 전달한다.

"전에도 말했었지?"

"몇 번이나 얘기해야 알아듣겠어?"

　나도 모르게 이런 말을 내뱉어 상대를 위축시켜 버리는 일이 의외로 쉽게 일어난다. 세게 말한들 아무것도 해결되지 않는다는 것을 충분히 알고 있지만, 마음을 억누르지 못한 채 심한 말을 내뱉고는 자기혐오에 빠진다. 이는 상대에게도 자신에게도 좋은 일이 아니다.

　상대를 강하게 책망하는 듯한 말을 해버렸을 때, 이를 무리하게 수습하려 하다가 오히려 변명을 늘어놓거나 상대를 더 책망하게 되는 경우가 적지 않다. 특히 상대에게 문제가 있다고 생각하는 경우, 억울함 때문에 자신의 잘못을 인정하기가 쉽지 않다.

자기 정당화와 합리화

　누구든 자신은 옳다고 생각하고 싶은 법이다. 옳은 일을 하고 있다고 믿고 싶다. 그리고 그 옳음을 알아주었으면 한다. 그자체는 나쁘지 않으며, 인간이 자연스럽게 갖게 되는 심리다.

　하지만, 그러한 마음이 너무 강해지면 사실을 자신에게 맞게 해석해 행동하게 된다. 심리학에서는 이러한 마음의 움직임을 '방어 기제'라고 부른다. 방어 기제의 작용 중 한 가지로 합리화가 있는데, 논리를 살짝 바꾸어 충족되지 않은 욕구를 이해하려고 하는 작용을 가리킨다.

즉, "전에도 말했잖아?"라는 말은 '알아주었으면 좋겠다'라는 욕구가 충족되지 않았다는 뜻이다. 그러니 '나는 제대로 전달했으니 이해하지 못하는 건 모두 상대의 탓이다'라고 생각함으로써 자신의 옳음을 수호하려 하는 것이다.

하지만 냉정하게 생각해, 설령 상대에게 문제가 있다고 해도 "전에도 말했잖아?"라고 말한들 개선되는 점이 있을까? "몇 번이나 말해야 알겠어?"라고 말하면 상대가 그때부터 한번에 이해할 수 있게 될까?

짜증 내는 말을 통해 상대가 이해할 수 있는 것은 그 짜증 나는 감정뿐이다. 짜증을 내면 상대가 약간의 공포심과 송구스러운 마음을 느낄 수는 있다. 하지만 행동은 개선되지 않고 다시 똑같은 일이 반복될 가능성이 크다.

"몇 번이나 말해야 알겠어?"→"죄송합니다"→"전에도 말했잖아?"→"죄송합니다"→"몇 번이나 말해야 알겠냐고, 몇 번을 말하게 하는 거야?"→"죄송합니다"→…와 같이 부정적인 대화가 계속 반복되고 만다.

감정은 부딪히는 것이 아닌 전하는 것이다

짜증을 내는 데 지쳤는가? 상대에게 심한 말을 건넨 후 표정을 일그러뜨리는 자신의 모습에 염증이 생겼는가? 이런 사람일수록 조금만 수습 방법을 활용해 봤으면 좋겠다. 간단하게 감정을 마음으로 바꾸어 전하기만 해도 좋다.

아무리 부정적인 감정이라고 해도 언제나 꾹 참아내야만 하는 것은 아니다. 그렇다고 해서 감정을 그대로 표출하면 확실히 문제가 일어날 확률이 높다. 그러니 감정을 마음으로 바꿔보자.

구체적으로는 '솔직히 말하면'이라는 말을 쓰면, 말을 마음에 관한 표현으로 바꿀 수 있다. 그리고 감정→마음→이유→상담이라는 흐름으로 마음을 전해 보기를 추천한다.

예를 들면, "전에도 말했었지?"라고 말해버렸다면,

❶ 소금 짜증 내고 말았다(감정)

❷ 솔직히 말하면, 기억해 주지 않아서 아쉬웠다(마음)

❸ 전에도 꽤 친절히 알려줬다고 생각했으니까(이유)

❹ 어떻게 하면 반복해서 묻지 않고 끝날 수 있을까?(상담)

이 패턴은 다른 경우에도 적용할 수 있다. 나도 모르게 "왜 그런 식으로 생각해?"라고 말해버렸다면,

❶ 조금 기분이 나빴다(감정)

❷ 솔직히 말하면, 네가 그렇게 받아들일 줄은 몰랐다(마음)

❸ 오해하게 내버려두고 싶지 않으니까(이유)

❹ 조금 더 제대로 해명하게 해 줄래?(상담)

상대가 자기 생각대로 이해해서 행동해 준다면 분명 매우 기쁜 일이다. 하지만 안타깝게도 일이 그렇게 쉽게 흘러가지는 않는다. 여기서 그저 감정을 표출해 문제를 해결하려 한다면 도리어 더 껄끄러운 상태가 될 것이다.

감정에 이성을 더하면 마음이 되며 그것이 상대에게 전달할 말이 된다. 나도 모르게 감정적인 상태가 되었다면 이를 떠올리고, 조금 더 말을 보충해 보자.

POINT

'솔직히 말하면'으로
감정을 마음으로 변환하자.

위로해 주려고 "그런 건 별일 아니야"라고 말했더니 "잘 알지도 못하면서" 라는 말을 들었다

"내 얘기 좀 들어줄래?"라는 말로 시작된 상담이다. 꽤 곤란해하는 것 같고, 진지하게 고민하고 있는 상황이다. 상대가 "어떻게 생각해?"라고 묻자, 조금이라도 마음을 가볍게 해주기 위해 "뭐, 그런 건 별일 아니야"라고 말했다. 그러자 "별일 아니라니, 그야 너한테는 그럴지도 모르겠네"라고 한다. 어쩐지 실망하게 만든 것 같다.

당신이라면 이럴 때 어떻게 할 것인가?

상대의 마음에 공감하며
이야기를 듣는다.

"그야, 그 사람의 그 일과
비교하면 말이야"라는 등
다른 누군가의 일이나
다른 사건과 비교해
별일이 아님을 더 강조한다.

"진지하게 고민하고 있는데
'별일 아니야'라는 얘기는
듣고 싶지 않겠지. 미안해,
방금 그 말은 취소할게"라고
일단 말을 회수해서 철회한다.

"별일 아니야."

"그저 너무 깊이 생각하는 거야."

"너무 크게 받아들이지 마."

"그런 일로 고민하는 건 쓸데없는 일이라고 생각해."

"언제나 그렇게 나쁘게 생각하는 버릇이 있구나."

상대를 격려할 생각이었는데 나도 모르게 이렇게 말한 경험이 있는가? 밑바탕에는 '그렇게 고민하지 마'라고 상대를 생각하는 마음이 있다. 그럼에도 이런 말들로는 아쉽게도 그 마음을 전하기 힘들다.

왜냐하면, 당신이 어떤 마음을 갖고 있든 상대가 먼저 받아들이는 것은 말 그 자체이기 때문이다. '어찌 되든 좋다고 생각하는구나'라든가, '가벼운 고민으로 취급하고 있네'라고 느낄 수 있다. 상대에게는 누군가에게 상담하고 싶다고 생각할 정도로 진지하게 고민하는 문제다. 그것을 '가벼운 고민으로 취급받았다'라고 느끼게 되면 기분이 좋지 않을 것이다. 그러면 상대는 당연히 '너는 이해하지 못해'라고 생각하게 된다.

이전에 있던 직장에서 중도 입사한 사람에게 컴퓨터 작업을 가르쳐 준 적이 있다. 한 차례 설명이 끝나고 혼자 해 보는 단계가 되었다. 잠시 시간이 지나자, "죄송합니다만 잘 모르는 게 있는데요"라고 말해, 도와주게 되었다. 살펴보니 간단한 작업이었다. 그래서 나도 모르게 "이거? 이건 쉬운 건데"라고 중얼거렸더니, 상대가 "쉬운 일을 여쭤봐서 죄송해요. 전 익숙하지 않아서요"라고 말하며 주눅 들고 말았다.

나로서는 '어렵지 않으니 금방 배울 수 있을 거야. 괜찮아'라는 식으로 말할 생각이었는데, 상대가 받아들인 건 '이렇게 간단한 일도 못 하는 거야?'라고 비난하는 말이었던 것 같다. 애초에 별일인지 아닌지 정하는 것은 내가 아닌 상대다. 상대가 진지하게 상담을 요청한 시점에서 이미 상대에게는 꽤 별일인 상황이다. 설령 내게는 별일이 아니라고 생각할 만한 일이라도 말이다.

다른 사람을 마주할 때는 상대의 가치관과 감성, 기분과 감정 등을 판단하는 것이 아닌 존중한다는 의식을 갖도록 하자. 그러면 부주의한 한마디를 내뱉는 일이 애초에 없을 것이다.

말실수는
깔끔하게 회수해서 철회하자

그렇지만 나 자신도 인간이니 아무리 주의해도 누구든 문득 말이 새어 나올 수도 있다. 만약, 자신도 모르게 내뱉은 말 때문에 상대의 표정이 어두워졌다고 느낀다면, 한번 제대로 그 말을 회수하고 다른 말로 바꿔보자.

아까 예시로 든 "별일 아니야"뿐만 아니라 실언이나 부주의한 말을 해버렸을 때, 다음과 같은 행동은 그다지 좋은 수습법이 될 수 없다.

- "그런 의미로 한 말이 아니야"라고 변명한다.
- "이런 뜻으로 한 말이야"라고 이유를 붙인다.
- "뭐, 문제는 그게 아니잖아"라고 얼버무린다.
- "그렇다면 나한테 묻지 마"라고 오히려 화를 낸다.

이런 말들로 수습하려 하면 이야기와 관계가 괜히 꼬여 버릴 가능성이 커진다. 오히려 부주의한 발언이었다는 것을 인정하고 한번 제대로 회수해서 철회해야 기분 좋게 끝날 수 있다.

얼버무리면서 상황이 그냥 지나가게 내버려두는 게 아닌, "○○ 같은 말은 해선 안 됐어. 미안해. 좀 전의 말은 취소해도 될까?"라고 명확하게 전달하는 편이 깔끔하고 기분이 좋으며, 효과적인 수습이 된다.

그 뒤에 "아까 그 이야기 말인데, 들으면서 나는 이렇게 생각했어"라고 상대의 상담에 대한 자기 생각을 제대로 말로 표현해 전달하면, 부주의한 발언을 수습하고 싶다는 마음이 전해질 뿐만 아니라 상대방이 "너는 이해 못 해"라고 뿌리치는 상황을 피할 수 있다.

POINT   "미안해, 아까 그 말은 취소할게"라고
다시 말하자.

이럴 땐 어떻게 할까?
친구와

친한 친구가 결혼한다고 소문냈는데, 아직 모두에겐 비밀이었던 것 같다. 주책 부린 걸까?

친한 A 씨에게서 "실은 결혼하게 됐어"라는 말을 들었다. 놀람과 동시에 너무 기뻐서 바로 그룹 메시지 창에 "A가 결혼한대요! 축하해!"라고 올려버렸다 모두 차례차례 축하이 메시지를 보내서 기뻐하던 와중에 A 씨가 "아직 말하지 않길 바랐어. 내가 직접 모두에게 전하고 싶었는데"라는 메시지를 보냈다.
당신이라면 이럴 때 어떻게 할 것인가?

OK

자신이 전달해도 좋은지
본인에게 확인한 뒤에,
전달해도 좋은 정보만을 공유한다.

NG

"모두들 예전부터 궁금해서
말한 거야"라며
다른 사람에게 책임을 떠넘긴다.

RECOVERY

상대의 감정을 이해하고
자신의 가벼운 행동을 사과하며,
상황에 따라서는 본인이 직접
말할 자리를 만들어 도와준다.

기쁜 일이나 좋은 일 또는 매우 놀라운 일이 일어나 '빨리 모두에게 알려주고 싶어!'라고 생각한 적이 있을 것이다. 이렇듯 정보의 공유는 인간관계를 원활하게 만들어주는 중요한 요소 중 하나다.

심리학에 '유사성의 법칙'이라고 불리는 효과가 있다. 공통점이 친근감을 만든다는 심리 효과다. 공통점에는 외적인 것(외모나 소지품, 헤어스타일 등)은 물론이고 환경(출신지나 출신 학교, 가까운 역 등)과 내면적인 것(기호나 가치관, 사고방식 등) 등 여러 종류가 있다.

공통된 정보도 공통점 중 하나이므로 사람 사이의 거리감을 좁히는 효과가 있다. 같은 것을 알고 있으며 같은 비밀을 공유한다는 사실이 동료의식을 높인다. 그래서 '빨리 알려주고 싶어!'라는 의식으로 이어지게 된다.

미디어에서 보여주는 일반적인 정보라면 상관없지만, 특정한 개인의 정보는 역시 배려가 필요하다. 어쩌면 그 사람에게는 용기를 내어 당신에게만 슬쩍 이야기한 것이거나 모두에게는 알리고 싶지 않은 일일지도 모른다. 이런 것을 전혀 생각하지 않으며 상대의 의향도 묻지 않고, '알려주고 싶다!'라는 마음만으로 정보를 공유하는 것은 너무 자기중심적인 행위다.

결혼, 이직, 시험 합격 등 기뻐서 좋은 정보를 알리는 일에 악의가 있을 리는 없다. 그러니, 만약 "다른 사람에게 알리지 않길 바랐어"라는 말을 듣게 되면 상대와의 관계를 악화시키고 싶지 않아서 나도 모르게 "모두가…", "그 사람이…"라며 누군가를 방패로 삼아 자신에 대한 부정적인 인상을 누그러뜨리고 싶어질 수도 있다.

그렇지만 이래서는 수습이 되지 않는다. 이 경우, 상대는 '왜 그런 행동을 했는가'라는 이유를 듣고 싶은 게 아니다. 상대의 마음속에는 '말하지 말았으면 했는데 말하고 말았다'라는 불만이 있다.

엎질러진 물은 주워 담을 수 없다

'엎질러진 물은 주워 담을 수 없다'라는 말이 있다. 이것은 일단 내뱉어 버린 말은 취소할 수 없다는 의미다. 아무리 악의가 없다고 해도 한번 내뱉어 버린 말을 취소할 수는 없으며, 확산된 정보를 다시 모아 없었던 일로 할 수는 없다.

만약 자신도 모르게 알리고 싶은 마음 그대로 모두에게 공개해서 상대의 기분을 나쁘게 만들었다면, 먼저 그 행동이 상대의 감정을 가볍게 보는 행위였다고 자각하는 것이 첫 번째다. 그 뒤에 정보뿐만 아니라 상대의 감정에도 눈을 돌려, "너에게는 중요한 일이었는데 멋대로 나서서 정말 미안해"라고 자신의 경솔함을 제대로 인정하고 사과하는 것부터 시작해 보자.

이미 모두에게 알려진 정보는 취소할 수 없지만, 정보를 전달할 기회가 한 번뿐인 것은 아니다. 같은 내용이라도 다시 본인의 입으로 이야기하면 주변 사람들에게도 기쁜 일이다. '가능하면 본인의 입으로 듣고 직접 축하를 전하고 싶어'라고 생각하는 사람도 많다.

본인이
직접 말할 자리를 만들자

만약, 먼저 나서서 주위에 정보를 퍼뜨려 버렸다면 자리를 만드는 것을 도와주는 것은 어떨까?(이것도 물론 본인의 양해를 얻은 뒤의 일이나)

예를 들면, "다시 발표할 자리를 마련하는 게 어때?"라고 제안하며 자신이 모임 주최자로 나서자. 이미 내용을 알고 있는 멤버들일 테니 숨기는 일 없이 초대할 수 있고 오히려 진행도 원활하게 흘러갈 것이다.

수습은 말뿐만 아니라 행동으로도 보이는 것이 중요하다. 이제 와서 수습하려는 의도가 얄미워 보이진 않을지 걱정하는 사람도 있겠지만, 그래 보여도 괜찮지 않을까? 오히려 '수습하려고 노력하는구나'라고 생각하면 상대의 마음이 누그러질 것이다.

POINT   경솔함을 사과하고, 다시 본인의 입으로
발표할 수 있는 자리를 만들자.

어떨 땐 어떻게 할까?
사무실
에서

뒷담화했는데
"그렇게 나쁜 사람은 아냐"
라고 반응해. 왠지 나만
나쁜 사람이 된 것 같다

언제나 사무실 쓰레기를 제대로 분리하지 않고 버리는 사람이 있
다. 오늘도 그가 쓰레기를 대충 버리기에 화가 나서 나도 모르게
"그런 사람은 어쩐지 집도 더러울 것 같아. 성격도 나쁠 것 같고"
라며 동료에게 험담을 해버렸다. 몰랐는데, 실은 그 사람과 동료는
친한 친구였던 것 같다. 동료가 "그렇게 나쁜 사람은 아니야"라고
대답해서 내가 일방적으로 나쁜 사람이 된 것 같은 기분이 들었다.
당신이라면 이럴 때 어떻게 할 것인가?

O
OK

행동과 인격을 혼동하지 말고,
행동에 대한 의견만 말한다.

X
NG

"뭐야, 그 사람과 친했구나, 의외네"
라고 비꼬듯 말한다.

**수습
하기**
RECOVERY

"내가 말을 심하게 했는데,
분리수거는 꼭 되었으면 좋겠어.
그 사람에게 어떻게 말하면 될까?"
라고 상담한다.

뜻밖에도 아는 사람들끼리 인연이 있다는 사실을 알고 "세상 참 좁다"라는 말을 해본 사람이 한둘이 아닐 것이다.

상대의 친구라는 걸 알고 있었다면 말하지 않았을 험담에 "그렇게 나쁜 사람은 아니야"라는 대답을 들으면 당황할 수 있다. 하지만, 당황했다고 해서 그 발언을 수습할 생각으로 "그 사람과 친했구나, 의외네"라고 말하지는 말길 바란다. 의외라는 말은 좋은 의미로도 나쁜 의미로도 받아들일 수 있으며, 함축된 의미로 상대에게 전해져 그 상대를 나쁘게 말하는 것처럼 받아들일 수 있기 때문이다.

미국의 심리학자인 스탠리 밀그램이 실시한 검증 중에 '작은 세상 실험'이라는 것이 있다. 이것은 어느 특정한 인물에게 편지를 보내는 실험이다. 실험 참가자들이 그 사람과 인연이 있을 것 같은 지인에게 손으로 전달하는 방식으로 편지 보내기를 시도했다. 그 결과, 평균적으로 약 6명의 인연을 통하면 편지가 전달된다는 것을 알게 되었다. 이를 통해 '작은 세상 현상'이 검증되었으며, 이 현상은 6개의 인연이라는 점 때문에 '여섯 개의 다리'라고도 불린다.

즉, 상대가 어떤 인물을 알고 있을 리가 없을 것 같아도, 의외로 인연이 있을 가능성은 크다. 안이한 생각으로 그 사람에 대한 험담을 하다가 앞에 있는 상대를 기분 나쁘게 만들 가능성도 있다.

만약 이러한 상황이 발생한다면, 상대가 자신을 남의 뒷담화를 잘하는 나쁜 사람이라고 생각하는 건 아닐지 걱정될 것이다. 하지만, 앞선 사례에서는 근거 없이 험담한 것이 아니며 '쓰레기를 분리해서 버리지 않는다는 이유'와 '그로 인해 곤란하다는 사실'이 있기 때문에, 이를 지적하는 것 자체는 문제가 되지 않는다.

이해는
감정과 의견으로 만들어진다

대화에서 감정을 적절하게 전달하는 것은 상대와의 관계 형성에서 매우 중요하다.

- 감정의 변화를 알기 쉬운 사람
- 무슨 생각을 하는지 알 수 없는 사람

어느 쪽이 친해지기 쉬운 사람이라고 생각하는가?

사람은 감정의 동물이라고 한다. 감정이 보이면 그 사람에 대한 이해도가 높아진다. 그러니, 감정을 억누르고 상대나 주변에 맞춰 필요 이상으로 인내할 필요는 없다. 하지만, 감정 속에 상대에 대한 공격을 추가하면 단순히 불평과 폭언이 되어버리니 주의가 필요하다. 같은 말이라도 공격성이 아닌 의견을 더하면 이해가 발생한다.

예를 들면, 이번 일처럼 다른 사람의 잘못을 말하자 상대가 생각지도 못한 반응을 보이는 경우 '화가 났다'라는 감정으로 상대를 공격하고 있다는 것을 빨리 깨닫고, "분리수거가 안되고 있으니까 어떻게든 조치를 취해 줬으면 좋겠어"라는 의견을 제대로 전하여 의식과 말을 전환해 보자. "분리수거는 꼭 해야 돼. 그 사람을 잘 알고 있다면, 어떻게 전달하면 좋을지 가르쳐 줬으면 좋겠어"라는 식이다.

애초에 문제인 것은 '쓰레기를 분리해서 버리지 않는다'라는 행동이지 인격이 아니다. 이러한 사례뿐만 아니라 누군가의 인격을 부정하는 듯한 말이나 행동은 공격성이 높으며 인간관계를 망치는 경우가 많으니 주의하자.

"죄는 미워해도 사람은 미워하지 말라"라는 말이 있다. 머리로는 이해하지만 그렇게 쉬운 일은 아니다. 그래도 평소부터 그 사람의 행동과 인격을 구분해서 생각하는 습관을 들이기 위해 노력해 보자.

POINT

안 좋은 감정이 튀어나오면
현재 곤란한 상황을 말해서 상담하자.

상대를 칭찬하려고 했는데
나도 모르게
다른 사람과 비교하는 바람에
분위기가 나빠졌다

"A 씨는 B 씨보다 일을 잘하네."

순수하게 상대를 칭찬하려고 한 것뿐인데, 어쩌다 그 자리에 있
던 다른 사람을 비하하는 말을 해버렸다. 상처받았을지도 모른다
당신이라면 이럴 때 어떻게 할 것인가?

OK

"A 씨는 ○○하니까 좋아"라고
이유를 들어 칭찬한다.

NG

"B 씨보다 A 씨가 더 훌륭해"라고
비교하면서 칭찬한다.

RECOVERY

"○○는 A 씨,
XX는 B 씨가 잘하지"라고
각자의 장점을 칭찬한다.

많은 것들 중에서 하나를 돋보이게 할 때는 주로 다음과 같은 두 가지 방법이 있다.

❶ 대상을 다른 것보다 높이 치켜올린다.
❷ 대상 이외의 것들을 깎아내린다.

❶은 대상만을 다루고 있는 것에 비해, ❷는 주위를 끌어들이는 만큼 영향력이 확산된다.

❶ "이 가게 요리는 특별히 맛있네."
❷ "이 가게 요리는 저쪽 가게 것보다 맛있네."
둘 다 똑같이 '이 가게'를 칭찬하는 말이지만, ❶의 방식에 비해 ❷의 방식은 '저쪽 가게'의 처지에서 생각해 보면 기분이 좋지 않을 것이다.

수습하려다가
오히려 상처를 입힐 수도 있다

본인이 있는 자리에서 그 사람을 낮추는 듯한 말을 해버렸다면, 당황해서 '저질러버렸다'라는 표정으로 얼버무리려 하거나, "그런 생각으로 한 말이 아니에요"라든가 "오해하지 마세요"라며 열심히 넘어가려고 할 수 있다.

그러나 이런 행동이야말로 상처에 소금을 뿌리는 결과를 초래할 수 있다. 필사적으로 수습하려는 행동이 상대를 더 상처 입힐 수도 있으니 그다지 추천하지 않는다.

내뱉은 말을 취소할 수는 없고 없었던 일로 만들 수도 없다. 하지만 충격을 완화시킬 수는 있다. 옷에 묻은 얼룩을 필사적으로 빡빡 문지르면 얼룩이 더 커질 뿐이지만, 가볍게 툭툭 누르면 최소한의 범위에서 그칠 수 있지 않은가?

마찬가지로, "네가 못 한다는 말을 하려던 게 아니라…"라고 필사적으로 수습하기보다는, 나도 모르게 비하하듯이 말한 그 사람에 대해서도 제대로 칭찬하는 것이 좋다.

모두의 장점을 언급하자

───

칭찬한다고 해도 갑자기 외모에 대해 이런저런 말을 하거나, 아니꼬운 아첨을 하라는 것이 아니다. 앞뒤가 맞지 않는 부자연스러운 칭찬은 상대를 더 불쾌하게 만들 수 있다.

"○○는 ×× 씨가 최고지."

이 ○○ 부분에 상대의 장점을 넣어보자.

예를 들면, A 씨와 B 씨라는 사람이 있다고 하자. A 씨는 뭐든지 요령 있게 하는 것이 장점이고, B 씨는 작업이 빠른 것이 장점이다. A 씨를 칭찬할 생각으로 자신도 모르게 "B 씨보다 A 씨가 요령이 있네"라고 말해, 그 자리에 있는 B 씨의 표정이 어두워졌다. B 씨의 쓴웃음에 분위기가 미묘해졌다.

여기서 곧바로 "하지만 속도로 치면 B 씨가 최고지"라고 말해 보자. B 씨의 장점도 제대로 말해 A 씨만 칭찬하는 사태를 막을 수 있으며, A 씨도 B 씨도 찜찜한 마음 없이 상황이 종료될 것이다.

장점을 말할 수 있으려면 평소에 상대의 좋은 점을 바라볼 필요가 있다. 다른 사람과의 소통이 어려운 사람일수록, 얘기를 잘 들어보면 상대의 안 좋은 점이나 서툰 점만 보는 경향이 있다. 안 좋은 점을 너무 많이 보기 때문에 다른 사람이 두려워지고 어렵다는 생각이 강해지는 악순환이 생겨난다.

상대의 장점을 보려고 하면, 상황을 수습할 때뿐만 아니라 인간관계 자체가 좀 더 편해지며 소통이 어렵다는 생각도 줄어든다. "○○는 ×× 씨가 최고지"라고 표현함과 동시에 평소에 상대의 장점을 찾으려 노력하자.

POINT

"○○는 XX 씨가 최고지"라고
각자의 장점을 칭찬하자.

무심코 꺼냈던 말이 실은 상대에게 콤플렉스였다는 걸 나중에 듣고, 말한 것을 후회했다

나름대로 가벼운 이야기를 할 생각으로 한 말이 의도치 않게 상대를 상처 입히는 일이 있다. 아무리 주의해도 이런 일은 일어나는 법이다. 예를 들면, 상대가 다이어트 중인 것 같아서 "날씬해졌어!"라고 칭찬했는데, 실은 최근에 식욕이 없어서 살이 빠지는 것을 무척 걱정하고 있었다고 한다. 그런 사정을 알았다면 그런 말을 하지 않았을 텐데…. 그 자리에서는 본인도 주변 사람들도 딱히 아무 말도 하지 않았지만, 자신의 부주의한 발언이 후회되어 안절부절못하게 됐다.

당신이라면 이럴 때 어떻게 할 것인가?

O

OK

처음부터 개인적인 화제를
건드리지 않는
대화 주제를 고른다.

X

NG

직접 또는 메일 등으로
"지난번에는 미안했어"라고
다시 사과한다.

수습
하기

RECOVERY

상대의 다른 화제에 대해
"듣고 싶어",
"알고 싶어"라고 말한다.

그 자리에서 상대의 마음을 눈치챘다면 바로 사과할 수도 있겠지만, 의외로 상대가 배려해 신경 쓰지 않는 것처럼 행동할 때도 있다. 상대가 꾸며낸 미소에 안심해, 그 마음을 눈치채지 못한 적도 있을 것이다.

'실수했다!'라고 생각할수록 '빨리 어떻게든 수습해야 해'라며 초조해지기 쉽다. 이러면 갑자기 상대에게 달려가 "신경 쓰고 계신다고 들었어요. 정말 죄송합니다"라고 고개 숙여 인사하게 된다. 이는 언뜻 보면 성실한 행동처럼 보이겠지만, 조금 냉정하게 생각해 보자.

오히려 사과해서
두 번 상처 주는 경우도 있다

'수습해야 해'라는 생각에 저지른 일이 오히려 더 상대를 상처 입힐 때도 있다. 애초에 상대가 그 자리에서 신경 쓰고 있다는 사실을 눈치채지 못하도록 행동하고 있다는 것은, 숨기고 싶은 감정이라는 신호일지도 모른다. 그런 감정을 일부러 다시 언급해 사과하는 것은 상대를 위해서가 아닌 자신을 위해서 하는 행동이 아닐까?

‘마음이 불안해서, 내뱉은 말을 후회해서’라는 이유로 행동한다면 그것은 자신의 기분을 진정시키기 위한 행동일 뿐이다. 상처받은 상대의 마음에 다가가려 했는데 자기만족을 위한 행동으로 여겨질 수도 있다. 이것은 결코 상대를 위한 수습도 회복도 될 수 없다.

자신을 방어하려 하다가 오히려 같은 잘못을 두 번 하게 될 때도 있다. 예를 들면 약속 시간에 늦었을 때, 상대를 너무 기다리게 하는 것도 미안하고 약속을 안 지키는 사람이라고 여겨지는 것도 싫어서 도착 예정 시간을 짧게 줄여서 말한 적이 있지 않은가? 실은 10분 정도 늦을 것 같은데 5분이라고 말하는 식이다.

빨리 달려갔지만 역시 5분 만에 도착할 수는 없어 7분 만에 도착했다고 하자. 확실히 10분이나 늦지는 않았지만, 그래도 역시 2분 지각한 셈이다. 자신을 방어하려고 한 말 때문에 결국 두 번이나 지각을 반복하게 되어 더 신뢰를 잃기 쉽다. 처음부터 솔직하게 10분이라고 말하는 편이 훨씬 더 인상에 좋을 것이다.

이렇듯 자신을 방어하려고 한 행동이 때로는 상대에게 더 큰 실례가 되거나 상처 입히는 행동이 되기도 한다.

아무것도
하지 않는 수습

___

수습이라고 하면 '뭘 해야 할까?'라고 생각하기 쉽지만, 오히려 아무것도 하지 않아야 할 때도 있다. 이런저런 말과 행동을 무턱대고 거듭하면 수습이 되기보다 오히려 이야기를 반복하게 될 수도 있기 때문이다.

상대가 상처 입었다는 것을 나중에 깨닫고 한없이 미안함이 밀려온다고 해도, 일부러 다시 말을 꺼내 사과하면 상대가 '모처럼 잊어버린 참이었는데…'라든가 '그 문제는 더는 말하지 않았으면 좋겠는데…'라고 생각하게 되어 오히려 안 좋은 마음이 커질 수도 있다.

그러니, 괜히 그 문제를 꺼내지 말고 가만히 두는 편이 나은 경우도 있다. 서둘러 똑같은 화제를 꺼내 어떻게든 수습하려 드는 것이 아닌, 다음에 만났을 때 상대가 즐겁게 이야기하고 싶어지는 화제를 찾는 편이 오히려 더 좋다. 예를 들면, 그때의 대화를 잘 떠올리며 상대가 말했던 전혀 다른 얘기에 대해 다뤄 보자.

"그러고 보니 그때, ○○를 좋아한다고 하셨죠. 그때는 말

쏨드리지 못했는데 실은 우리 집 근처에 괜찮은 가게가 있어
요."

"옛날에 ××를 한 적이 있다고 하셨죠. 그 말씀이 계속 마
음에 남았어요. 무척 흥미로운데, 그 이야기를 좀 더 들려주시
겠어요?"

자신의 이야기를 기억해 주는 것은 기쁜 일이며, 기억하지
않길 바라는 이야기를 꺼내지 않는 것도 감사한 일이다. 여기
서 대화가 활발하게 진행된다면, 과거에 안 좋았던 마음도 옅
어질 것이다.

좋지 않은 기억은 기쁘고 즐거운 기억으로 덮어씌우는 것
이 제일 좋은 수습이다. 두 번 다시 실언하지 않겠다고 반성하
면서 상대의 잊고 싶은 마음도 존중할 수 있으니, 배려의 표현
이 되기도 한다.

POINT   아무것도 하지 않는 것도
수습하는 방법이 된다.

동료끼리 잡담하다
마무리할 때 들어온 친구가
자신을 험담했다고 착각해서
기분 나빠한다

당신은 동료들과 시끌벅적하게 이야기하고 있었다. 이야기가 마무리됐을 때, 마침 한 친구가 들어왔다. 어쩌다 보니 대화가 끊기는 타이밍이 됐을 뿐이지만, 친구 입장에서는 자신이 들어오니 모두 이야기를 멈춘 것처럼 보여 우리가 자신의 험담을 한 걸로 착각한 것 같다.

당신이라면 이럴 때 어떻게 할 것인가?

O
OK

그 자리에서 바로
"좋은 타이밍에 왔네!
지금 이런 이야기를 하고 있었는데"
라고 상대를 무리에 끼워 준다.

X
NG

"특별히 네 얘기를 한 건 아니야"
라고 필사적으로 변명한다.

수습
하기

RECOVERY

개인적으로 슬쩍 말을 걸어
"아까 네가 들어오기 직전에
이런 이야기를 하고 있었는데,
어떻게 생각해?"라고 스스럼없이
정보를 전달하고 의견을 구한다.

자신이 모르는 곳에서 자신의 이야기를 했다는 것을 알게 되면, 당신은 어떻게 생각할까? "나를 화제로 삼아주다니 기쁜데", "신경 써주고 있다고 느낀다"라고 말하는 사람들도 있겠지만, 조금 복잡한 마음이 드는 사람들도 많지 않을까?

상대와의 관계성에 따른 문제라고는 하지만, 역시 좋은 이야기였는지 나쁜 이야기였는지 궁금할 것이다. 그리고 사람은 사물을 부정적으로 받아들이는 경향이 강하며, 한번 '분명 이랬을 거야'라고 믿으면 그것을 내면에서 멋대로 확신으로 바꿔버리는 경향이 있다.

이러한 생각을 심리학에서는 '확증 편향'이라고 한다. 이것은 믿음이나 한쪽으로 치우친 생각을 정당화하기 위해 그 생각에 맞는 정보만을 보고 모으게 된다는 심리 현상이다. 예를 들면, '저 사람이 날 싫어하는 것 같아'라는 생각을 가지면, 상대의 사소한 말과 태도에서 차갑다고 느껴지는 부분만 보게 되며, '역시 그렇구나'라고 확신으로 바뀌는 현상이다.

의견을 묻기 전에 먼저 정보를 전달하자

만약 그 자리를 잘 수습하지 못하고 껄끄러운 분위기로 상황이 끝나버렸다면, 이후 개인적으로 슬쩍 말해 보기를 추천한다. 이때의 포인트는 그저 오해를 풀기 위해 정보를 전달하기 위해서가 아닌, 상대의 의견을 구하기 위해 정보를 전달한다는 의도이다.

예를 들면, 조금 전 대화에서는 "아까 말인데, 험담 같은 걸 한 게 아니야"라고 서론을 말하지 말고, "아까 네가 들어오기 직전에 ○○에 대해 이야기하고 있었어. 넌 어떻게 생각해?"라며 대화를 2단계로 만드는 것이다.

사람에게는 누구나 인정 욕구가 있다. 이것은 타인에게 인정받고 자신을 가치 있는 존재라고 인정해 주기를 바라는 심리다. 의견을 구하는 행위는 인정 욕구를 충족하는 행위 중 하나다. 그러니, "어떻게 생각해?"라고 묻는 것은 상대의 인정 욕구를 자극해 상대의 내면에 기쁨과 안도감을 만들어내는 일이기도 하다.

그저 정보를 전달할 뿐이라면 그 정보의 내용밖에 전할 수 없지만, 정보를 전달한 뒤 의견을 구하면 당신이 상대의 존재를 중요하게 생각하고 있다는 마음도 전할 수 있다. 이러면 관계성을 확실히 수습할 수 있다.

상대의 마음을 부정하는 것은 수습이 아니다. '싫어할지도 몰라'라는 마음에 대해 '싫어하지 않아'라고 그저 부정하는 것만으로는 상대의 불안이 좀처럼 해소되지 않는다. 상대의 마음을 어떻게든 달랠 방법을 생각하기보다, 상대가 나에게 꼭 필요한 존재라는 감정을 잘 전달해야 상대를 안심시키고 계속해서 좋은 관계를 만들어 나갈 수 있다.

POINT

"아까 그 이야기는 ○○였는데,
네 생각은 어때?"라고 의견을 묻자.

메일로 보낸 내용이 안 좋은 말투로 받아들여져 갑자기 상대가 나와 거리를 두는 것 같다

수신한 메일의 내용을 이해하기가 조금 어려웠다. 만약을 위해 확인하려고 간단하게 "이건 어떤 의미죠?"라고 보냈더니, "기분이 나쁘셨다면 죄송합니다"라는 답장이 왔다. 물론, 전혀 기분이 나쁘지 않았기에 뜻밖의 답장을 받고 놀랐다. 아무 생각 없이 한 말에 상대가 생각지 못한 반응을 보여 당황했다.
당신이라면 이럴 때 어떻게 할 것인가?

OK

메일은 뉘앙스가 전달되기
힘들다는 점을 감안하고,
특별한 의도와 이유 등을
제대로 말로 표현해서 보낸다.

NG

메일은 원래 그러니
어쩔 수 없다고 포기하고,
내용만 전달되면 괜찮다고 생각한다.

RECOVERY

"어쩌면 ○○일지도 모른다는
생각에 조금 걱정했어요"라고
솔직하게 마음을 전한다.

얼굴을 마주 보고 하는 대화라면 말뿐만 아니라 표정과 태도 등 다양한 요소를 사용해 소통할 수 있지만, 메일은 글만을 사용해 소통한다. 또한, 수신하는 상대는 문자상의 의미뿐만 아니라 그 말에서 전해지는 인상과 이미지 등을 구사해 이해하려고 한다.

같은 말이더라도 얼굴을 마주 보고 한다면 부드러운 억양과 표정을 더할 수 있으니 의도하지 않은 오해를 피할 수 있다. 한편, 글만 사용할 경우에는 설령 완전히 똑같은 말을 쓴다고 해도 상대의 머릿속에서 차가운 목소리와 표정으로 재생될 수 있다.

메일이나 채팅처럼 글만 사용하는 소통은 상대의 감성과 감각에 따라 생각지 못한 방향으로 받아들일 수 있는 위험성을 항상 가지고 있다고 할 수 있다.

모르는 사이에
관계의 골이 생긴다

웬만큼 가까운 관계가 아닌 이상, 당신의 말에 걸리는 게 있어도 상대가 그것을 지적하는 일은 별로 없다. 허물없는 사이라면 "그런 식으로 말하는 건 아니지 않아?"라든가 "화났어?" 등 위화감과 불쾌감을 전할 수도 있겠지만, 업무상의 소통이거나 아직 잘 모르는 관계라면 일부러 지적하지는 않을 것이고 말이 마음에 걸린 채로 슬쩍 벽을 만들 수도 있다.

어쩐지 상대에게서 안 좋은 분위기가 느껴지지만, 특별히 아무 말도 하지 않는다는 이유로 그냥 넘어가거나 방치하게 되면 벽이 두꺼워지고 분위기도 점점 어두워져, 이후의 관계에 큰 영향을 미칠 수도 있다. 그러니 그냥 넘어가는 것은 추천하지 않는다.

그렇다고 해서, 무리하게 상대의 생각을 듣기 위해 너무 다가가면 끈질기다고 생각해서 더 불쾌하게 만들 수 있으니 주의해야 한다. 이럴 때는 상대의 생각을 들으려 하는 게 아니라 대변할 말을 생각하는 편이 더 좋을 수도 있다.

상대의 시점에서 생각하자

주로 프로그램이나 논리학 분야에서 문제 해결과 계획 입안에 이용하는 사고법 중에 'if 사고'라는 것이 있다. 이것은

'만약 ○○한다면'이라는 가설에 따른 조건을 세우고, 그것이 성립한 경우의 행동과 결과를 생각하는 것을 가리킨다.

조건에 따른 행동을 생각하는 이런 사고법은 최근에 다양한 형태로 응용되고 있다. 예를 들어, 정신 건강에 관한 자가 치료에서도 '만약 그 사람이라면 어떻게 할까(어떻게 말했을까)', '만약 A가 아니라 B라면 나는 어떻게 할까'처럼 일부러 시점을 바꾸어 시야와 사고의 폭을 넓히는 데 활용되고 있다.

이것을 이번 상황에서 응용해 보자. 즉, '어쩌면'이라는 전제로 상대의 마음을 대변해 말로 표현해 보는 것이다.

"어쩌면, 아까 ○○라는 말이 차갑게 들렸을 수도 있을 거 같아서 조금 걱정되네요."

그리고 "전하고 싶었던 진짜 의미는 이런 거였어요"라고 다시 제대로 전달한다면, 안 좋은 분위기를 조금 좋게 바꿔서 수습할 수 있다.

이렇게 말해 보면 의외로 자신이 너무 깊이 생각했을 뿐이었고 "그렇게 생각하지 않았어요"라고 대답할 수도 있다. 그래도 찜찜함이 남는 것보다는 좋다. 게다가, 만약 착각이었다고 해도 상대를 진지하게 생각했다는 마음이 전해져 인간관계에 분명 긍정적인 영향을 줄 것이다.

POINT **'어쩌면'으로 진짜 의미를 전달한다면
오해를 막을 수 있다.**

대화하다가 감정이 격해져
상대의 말을
모두 부정하고 말았다

이야기하는 도중에 감정이 격해져 냉정을 잃게 되면, 그 기세를 타고 평소라면 하지 않을 법한 언동을 하게 될 때가 있다. 예를 들면, 큰 소리를 내거나 물건을 난폭하게 다루거나 무심코 손이 나가는 경우가 그렇다. 이러한 공격성은 행위뿐만 아니라, 말로 나타날 때도 있다. 상대의 말을 모두 부정하거나 강하게 비난하는 경우다. 감정이 격해진 바람에 상대의 의견을 정면으로 모두 부정했더니 상대가 욱해서 입을 다물었다.

당신이라면 이럴 때 어떻게 할 것인가?

OK

"그건 의견이 갈리는 부분이네"
라고 부드럽게 넘어간다.

NG

모두 부정하든 모두 긍정하든
양자택일로 생각한다.

RECOVERY

"기분 나쁘게 해서 미안해.
가볍게 들어 줄래?"
라고 말한다.

대화의 실패와 반성 사례에서 자주 듣게 되는 말이 "그만 화가 나서", "그만 감정이 격해져서"라는 말이다. 이러한 점에서 알 수 있듯이 화는 냉정함을 잃게 만든다.

화를 낸다는 게 결코 나쁘기만 한 것은 아니지만, 대화에서는 조금 주의하는 편이 좋을 때도 있다. 또한, 화를 낸 이후에 수습할 마음으로 자신의 말의 의도와 의미를 필사적으로 설명하려는 사람도 있다. 하지만 역효과가 나기 쉬우니 주의하도록 하자.

상대의 기분을 상하게 만드는 것은 이야기의 내용보다는 당신의 태도인 경우가 대부분이기 때문이다. 태도 때문에 화가 났는데 내용으로 수습하려고 하면 잘될 리가 없다.

부정적인 말은 부정적인 태도의 표현이다

내가 한 말이 부정당하면 기분이 좋지 않으며, 부정하는 상대를 긍정적으로 느끼긴 힘들다. 그렇기에 대화에 관한 책과 이야기에는 부정어는 최대한 사용하지 않도록 노력하자는 내용이 거의 반드시 등장한다.

확실히 그 내용대로이긴 하다. 맞는 말이다. 하지만, 여기서 잊어선 안 되는 것이 있다. 제일 큰 문제는 부정적인 말보다 그것을 만들어낸 부정적인 태도와 사고방식에 있다는 것이다.

상대가 받아들이는 것은 말뿐만이 아니다. 그 말을 받아들임과 동시에 말할 때의 태도와 사고방식도 받아들인다. 예를 들어 "그런 건 시시해"라는 말에 상대가 상처 입는다면, '시시하다=가치가 없다'라는 사전적인 의미뿐만 아니라 '시시하다'라고 판단하는 사고방식에도 상처의 원인이 있다. 실은, '시시해'라는 말보다 자신을 '시시해'라고 여기는 태도에 더 상처받을 수도 있다.

그러니, 부정적으로 말해버렸을 때 "나쁜 의미로 한 말이 아니야"라든가 "○○라는 말의 의미는…"처럼 말의 의미에 대해 짚고 넘어가려고 해 봤자 소용이 없다. 오히려 상황을 더 악화시킬 수도 있다. 베인 상처에 적절한 치료 없이 붕대만 감아 봤자 악화되는 것과 같다.

이번 상황도 마찬가지다. 모든 것을 부정하는 말을 사용한 것보다, 모든 것을 부정하는 태도가 더 문제가 된다. 그러니, 이러한 상황에서는 어설프게 설명하려 하지 말고 제대로 태도를 반성하고 마음을 전하는 것이 매우 중요하다.

"불쾌한 태도를 보여서 죄송합니다. 조금 전 이야기에 대

해 제 의견을 가볍게 들어 주시겠어요?"라고 말하는 편이 상대
를 침착하게 만들기 쉽다.

"가볍게 들어 줘"라며
상대에게 맡기자

여기서 포인트는, "가볍게 들어 줘"라는 말에 있다.

"가볍게 들어 줘"에는 "이야기를 듣고 받아들일지 말지는
당신이 결정해도 좋습니다"라는 뉘앙스가 내포되어 있다. "들
어 주세요"라고만 하면 "듣고 이해하거나 동의해 주세요"라는
조금 강제적인 뉘앙스로 받아들일 가능성도 있지만, "가볍게
들어 주세요"라고 하면 "그저 듣기만 해도 좋다"라는 부분이
강하게 전달되므로 강제력이 옅어진다. 상대가 기분이 상해 얘
기를 듣지 않으려 할 때 이러한 전달 방식이 특히 효과적이다.

다만, "가볍게 들어 주세요"를 자신의 행동에 사용하면 꽤
실례가 될 수 있으니 주의가 필요하다. 상대에게 뭔가 질문을
할 때, "일단 가볍게 여쭤보는 건데요, ○○에 대해 가르쳐 주시
겠어요?"라고 말하면 상대는 분명 욱하게 될 것이다.

자신은 그저 "힌트가 필요하다"라는 의도로 한 말이겠지

만 상대의 입장에서는 "네 대답을 받아들일지 말지는 내 자유니 나쁘게 생각하지 말고"라고 들리기 때문이다. 수습하기 위해서 이 말을 사용할 때는 어디까지나 상대의 선택에 맡기는 의미로 "무리한 강요는 하지 않을 테니 가볍게 들어 주시겠어요?"라는 자세를 취하도록 하자.

POINT

**"가볍게 들어 주세요"라는 말로
상대에게 선택권을 주자.**

갑자기 말을 걸어와서
어떻게 답해야 할지 몰라
횡설수설했다

회의 중에 갑자기 질문을 받았다. 하고 싶은 말이 있었지만 갑자
기 말이 잘 나오지 않아 횡설수설해서 상대가 "방금 한 얘기, 제
대로 들은 거야?"라고 밀했다. 이야기를 잘 듣고 있지 않았기에
의견을 제대로 말하지 못하는 거라고 오해받은 것 같다.
당신이라면 이럴 때 어떻게 할 것인가?

O

OK

"제 생각은"이라고
결론과 의견을
딱 잘라 말한다.

X

NG

"죄송합니다"라고만
말한다.

수습
하기

RECOVERY

"아직 머릿속에 제대로
정리되지 않았지만",
"제대로 말할 수 있을지
걱정은 되지만" 등으로
솔직하게 상황을 설명한다.

당신은 애드리브에 강한 편인가? 약한 편인가?

옛날에 나는 학창 시절에 연극을 배운 것치고는 애드리브에 약한 편이었다. 갑자기 누가 내게 말을 걸면 얼굴이 새빨개져서 고개를 숙이는 타입이었다. '실수하면 부끄러우니까'라는 마음이 강했으며, 실수하지 않기 위해 이야기할 내용을 미리 정하는 편이 안전하다고 생각했다.

무대에는 대본이 있다. 미리 대화나 스토리의 흐름이 정해져 있으니 안전하다고 생각할 수도 있다. 하지만 실은 그렇지 않다. 대본에는 모든 대사가 쓰여 있지 않으며, 지문에도 등장인물의 상태와 동작만이 쓰여 있어 대사 자체는 배우에게 맡기는 부분도 많다.

'이상한 말을 해서 엉망으로 만들어 버릴지도 몰라, 심지어 사람들이 '여기서 무슨 말을 할까?'라고 흥미진진하게 기대하며 날 바라보고 있어'와 같은 압박이 상당하다. 너무 생각이 과한 나머지 아무 말도 하지 못하고 큰 실수를 저지르는 일도 종종 있었다.

연극뿐만 아니라 어떤 상황에서든 '갑자기 물어보면 곤란해'라는 생각을 하곤 한다. 적어도 조금 준비할 시간이 있으면 좋겠다는 생각이 든다.

지금의 상태를
말하자

갑자기 누군가가 내게 말을 걸었을 때, 잘 대답하지 못해 송구스러운 마음에 자신도 모르게 "죄송합니다"라고 말하고 싶을지도 모른다. 하지만 꾹 참아보자. 그저 "죄송합니다"라고만 말하면 "(안 듣고 있어서) 죄송합니다"라는 의미로 받아들일지도 모르기 때문이다.

정말 듣고 있지 않았다면 다른 얘기지만, 제대로 듣고 있었음에도 단순히 갑작스러운 질문에 당황했을 뿐이라면, 깊은 오해가 생기는 건 아까운 일이다.

횡설수설하고 있는 자신을 깨달았다면, 먼저 그 상태를 솔직하게 전하는 것이 첫 번째다. 부끄러워서 숨기려고 하면 할수록 악순환이 될 수도 있다. "아직 머릿속이 정리되지 않았지만", "말로는 잘 표현할 수 없지만" 등 지금의 상태를 그대로 전하면 된다.

그러려면 일단 결론을 말하고 그 뒤에 하고 싶은 말을 덧붙여 보자. 그러면 충분하다. 무리하게 이런저런 말을 덧붙이지 않아도 좋으며, 이야기는 짧아도 좋다. 오히려 짧은 편이 이해하기 쉽다. '제대로 말해야 해'라는 생각에 당황하기도 한다.

"잘 표현할 수는 없지만 저는 이렇게 생각합니다"라는 한마디만으로도 최소한 당신의 생각을 전할 수 있다.

'해야만 한다'라는 생각이 방해한다

이른바 '사고방식의 습관' 중 하나로 '일그러진 인지'와 '자동 사고'라 불리는 개념이 있다. 이것은 'Must 사고'와 'Should 사고'라고도 불리는데 '○○해야 한다', '○○를 피하면 안 된다'라는 사고방식에 얽매여 가치관을 강요하거나 행동을 제한하기 쉬운 사고 패턴이다.

머릿속이 새하얗게 되거나 어떻게 하면 좋을지 알 수 없는 상태가 됐을 때는 어쩌면 '해야만 한다'는 생각이 강한 상태일지도 모른다. '말을 잘해야만 해', '제대로 발표해야 해'와 같은 마음이 돌발적인 사건에 대해 초조함과 당혹스러움을 만들어내는 요인이 되어, 결과적으로 횡설수설하게 만든다.

애드리브에 강해지려면, 일단 이 '해야만 한다는 생각'을 버리고 '잘 말하지 않아도 된다', '내 생각을 솔직히 말해도 괜찮다', '결론만 말해도 좋다'라는 생각으로 바꿔 보자. 실제로 나도 평소에 스스로에게 이런 말을 계속했더니 조금씩이지만 갑작스러운 상황에도 당황하지 않게 됐다. 편안한 마음을 가질 수 있게 되어 지금은 오히려 애드리브가 즐겁기까지 하다.

당황하는 자신, 초조한 자신을 숨길 필요는 없다. 오히려 그러한 부분을 숨기지 않고 보여주는 편이 인간미가 있다고 느껴져 전체적인 인상이 좋아질 수도 있다.

POINT

"전 지금 이런 상태입니다"라고 그대로 전하자.

미팅에서 나도 모르게
상대를
말로 이기려고 했다

미팅에서 자신과 반대인 의견을 말한 상대를 어떻게든 이해시
키려 하다가 욱하고 말았다. 자신의 생각과 의견, 그 근거와 이유
등을 강조해서 말했더니, 어쩐지 상대가 귀찮은 듯한 표정을 짓
는 것 같다.
당신이라면 이럴 때 어떻게 할 것인가?

OK

차이를 받아들이고
서로 이해하고
납득할 만한 포인트를 찾는다.

NG

자신의 옳음과
상대의 잘못을
온갖 방법으로 증명한다.

RECOVERY

"다시 생각해 보면"
이라는 말과 함께
일부러 다른 견해를 제시해 본다.

자기주장이라고 하면 어딘가 자기중심적이라든가 제멋대로인 이미지를 떠올리는 사람들이 적지 않을 것이다. 하지만 자신의 의견을 제대로 말하고 자기주장을 하는 것은 결코 나쁜 일이 아니다.

하지만, 이것도 도가 지나치면 대화가 아닌 논파가 되어버린다. 논파란 논의를 통해 상대의 가설을 깨부순다는 뜻이다. 즉, 서로 이야기하는 것이 아닌 이기고 지는 일이 되어버린다.

소통과 대화는 서로 빼앗는 게 아닌 서로 나누기 위해 하는 일이다. '어떻게 이길 것인가'가 아닌 '어떻게 나눌 것인가'를 목적으로 하는 행위다. 그렇지만 머릿속으로는 알고 있어도 자신도 모르게 흥분해 과한 말을 해버리는 경우도 적지 않다.

인간에게는 희로애락이라는 감정이 있으며, 그중에서도 '노'의 감정은 강한 작용을 한다. 확실히 '희, 애, 락'은 기본적으로 내면에서 느끼는 쪽으로 흘러가기 쉽지만, '노'는 상대에게 표출하는 행동으로 이어지기 쉬운 경향이 있다.

상대를 말로 이기려고 할 때는 '노'의 감정이 강하게 존재하고 있을시도 모른다. 다른 의견을 가진 상대, 반대 의견을 말하는 사람에 대해 '노'의 감정이 있기 때문에 싸움을 걸게 된다.

6초 동안만
화를 참아 보자

만약 상대를 말로 이기려 하는 자신을 깨달았다면, 일단 6초만 가만히 있어 보자. 이것은 앵거 매니지먼트(분노의 감정을 이해하고 조절하기 위한 심리 트레이닝)에서 권장하는 방법이다. 여러 가지 설이 있지만, 충동적인 감정을 조절하기 위해 이성(전두엽)이 작용하려면 3~5초 정도의 시간이 필요하다고 한다. 이 방법의 목적은 그만큼 시간이 흐르게 함으로써 감정에 휩쓸리는 것을 방지하는 것이다.

그만 화가 나서 너무 심하게 말했다든가 자신이 감정적인 상황이라는 것을 깨달았다면, 일단 이성을 작동시키는 시간을 갖자. 그 뒤에 다시 한번 차분하게 이야기를 시작하면 된다.

그렇다고 해서 조금 전까지 숨 막힐 정도로 열변을 토했는데, 갑자기 다른 얘기를 하면 상대가 혼란스러워할 수도 있다. 그러니, "다시 생각해 보면"이라는 말을 써 보는 건 어떨까? "하지만 말이야, 다시 생각해 보면 이것도 치우친 생각이야", "다시 생각해 보면, 말이 너무 과했어" 등 이 말을 뒷받침 삼아 상대의 입장도 존중해 보자.

자신에게는 자신만의 옳음이 있는 것처럼, 상대에게도 상대만의 옳음이 있다. 대화는 먼저 이를 받아들이는 것부터 시작된다. 다른 점을 좋고 나쁨으로 판단하지 말고, 차이점을 이해의 요소로 삼아 더 좋은 관계를 만들어 보자.

POINT "다시 생각해 보면 조금 말이 심했던 것 같아"로 양보의 길을 열어 보자.

직장 동료의 의견에 대해 부정적으로 말했더니 "전엔 찬성해 줬잖아?"라고 차갑게 대했다

회의에서 동료가 발표했다. 그다지 찬성할 수 없는 내용이라고 느껴, 최종 결정에서 반대쪽에 손을 들었다. 그러자, 회의가 끝나고 동료가 다가와 "이까 왜 그런 거야? 전에는 찬성한다고 했잖아"라며 성난 표정을 지었다. 가만히 생각해 보니 동료의 말이 맞았다.

당신이라면 이럴 때 어떻게 할 것인가?

O

OK

자신의 행동에 이유와
일관성을 갖고
기분만으로 행동하지 않는다.

X

NG

"뭐? 내가 그랬었나?"라고
시치미 뗀다.

수습
하기

RECOVERY

"확실히 그렇게 말했지"로
자신의 말에 책임을 지고
"내가 설명할게"로
자신의 의견을 전한다.

일관성은 인간관계에서 중요한 기둥이다. 의견과 태도를 자꾸 바꾸면 신용할 수 없을 뿐만 아니라 상대를 놀라게 하거나 곤란하게 만들며, 혐오감을 느끼게 할 수도 있다. 하지만, 자기 자신을 포함해 사람의 기분은 언제나 일정하지 않으며 때로는 바뀌는 법이다. 좋고 싫고도, 사건에 대한 찬반도, 사고방식과 받아들이는 방식도, 이해도와 상황에 따라 변할 수 있다.

기분은 변하는 법이니, 껄끄러운 일은 잊어버린 척하며 없었던 일로 넘어가 버리면 되지 않을까? 만약 이런 생각이 머릿속에 스쳤다면 잠깐 멈춰보자. 그렇게 그 자리를 넘어간들 남는 것은 "적당히 해", "치사해", "제멋대로야"와 같은 부정적인 인상뿐이다. 그렇게 되면 그렇지 않아도 일관성이 흔들려 생겨난 빈틈이 점점 더 커지게 된다.

상대는 당신을 그저 원망하고 싶은 것보다는 왜 그랬는지 알고 싶지 않을까? '전에는 그렇게 말했는데, 어째서 그랬지?' 라고 충격을 받았을 것이다. 그러니, 얼어붙은 분위기를 녹이기 위해서는 그 '어째서'에 제대로 대응할 필요가 있다.

보충 설명은
언제든 할 수 있는 수습법

'어째서'를 설명하려고 하면 나도 모르게 "그야"라는 말
로 시작하기 쉽다. 이 '그야'는 대화를 방해하는 G워드('그렇지
만', '그야' 등 G 발음으로 시작하는 부정적인 표현) 중 하나다. 이런
말을 쓰면 앞서 '"넌 왜 그렇게 부정적이야?"라는 말을 들었다'
사례에서도 다뤘던 것처럼, 나중에 이어질 말이 변명이 되거나
부정적인 표현이 되기 쉽다. 이래서는 괜히 불신만 쌓여갈 뿐
이다.

상대의 마음에 생겨난 불신을 조금이라도 줄일 때 쓰는 말
이 있다. 바로 "내가 설명할게"이다. 없었던 일로 만드는 것도
아니며, 변명하는 것도 아니다. 내뱉은 말은 인정하면서도 지금
의 솔직한 마음을 더해 보자. 설명은 앞선 정보를 부정하는 것
이 아니기 때문에, 지난 발언에 대한 책임도 보여줄 수 있다.

"확실히 전에 그렇게 말했지"라고 일단 했던 말 그 자체는
인정하자. "내가 설명할게. 실은 조금 관심 가는 게 있어서…"
라는 식으로 상대에게 전달되지 않은 마음을 설명이라는 형태
로 제대로 전달해 보자. 그러면 상대도 '어째서?'가 해소되어
마음이 개운해져 받아들이기 쉬울 것이다.

"분명 전에는 그렇게 말했지,
내가 설명할게"라고 솔직히 덧붙이자.

일 핑계로 거절한 걸 깜빡하고 다른 모임 사진을 SNS에 올렸다가 아무래도 들킨 것 같다

내키지 않은 권유를 받았는데, 사정이 여의찮아 "미안해, 최근에 일이 바빠서"라고 말하며 거절했다. 상대는 "알았어요. 수고하세요"라고 말했다.

하지만, 무심코 이를 잊고 재밌어 보이는 다른 초대를 흔쾌히 수락해, 즐거운 분위기의 사진을 SNS에 업로드하고 말았다. 상대가 이 게시물에 깜짝 놀라는 표정의 이모티콘을 남겼다.

당신이라면 이럴 때 어떻게 할 것인가?

OK

속이지 말고
"그날은 선약이 있었어. 미안해"
라고 말한다.

NG

"하도 와 달라고 해서"라고
거짓말한다.

RECOVERY

서둘러 사과하기보다,
조금 시간이 지난 뒤에
먼저 만나자고 한다.

사람에게는 제각각 여러 가지 사정과 입장이 있다. 수많은 사람들 중에는 자신과 맞는 사람도, 맞지 않는 사람도 있다. 시간도 체력도 한계가 있다. 모든 사람에게 좋은 표정을 지을 필요는 없으며, 무리하게 만날 필요도 없다는 것은 확실하다.

그러니, 내키지 않는 일이나 가고 싶지 않은 초대를 거절하는 것은 결코 나쁜 일이 아니다. 오히려 상대 입장에서도 억지로 온다면 기쁘지 않을 것이고, 거짓 미소를 바라고 초대한 것도 아닐 것이다.

다만 거절도 거절하지 않는 것도 자유라고는 하지만, 초대하는 사람은 당신이 와주길 바라기에 초대했다. 그러니, 만약 거절한다고 해도 그 마음을 무시하는 행동은 가급적 피하는 것이 좋다.

'그럴 생각은 아니었는데'를 전하는 방법

초대한 상대가 껄끄러워서 거절했다면, 괜히 수습하려다 도리어 관계가 복잡해질 수도 있다. 다소 불편하더라도 조금 거리를 둘 계기라고 생각해 그냥 내버려둔다는 선택지도 있다.

그렇지 않고 그저 왠지 내키지 않는다는 이유로 초대를 거절했다면, 상대를 상처 입히려는 의도는 없었기에 찜찜할 수 있다. 상대를 피하는 게 아니라는 것을 제대로 전하지 않으면 상대가 자신과 거리를 두려고 할지도 모른다. 하지만 이때 자신을 방어하기 위해 과도한 '자기 보호'를 해버리면 그다지 좋은 결과로 이어지지 않을 테니 주의해야 한다.

자기 보호란 자신의 입장과 지위, 이익과 안전성을 지키려는 행위다. "○○ 때문이야"라고 타인이나 다른 무언가의 탓을 하거나 "그럴 생각은 전혀 없었어"라고 필사적으로 자기를 긍정하면서 변명하고 도망치려는 태도를 가리킨다.

자기 보호가 과한 사람의 특징

- **타인의 책임** : "○○가 나빠", "○○ 때문이야" 등 다른 무언가의 탓으로 돌린다.
- **변명의 연속** : '나는 잘못하지 않았어'라는 생각을 이런저런 방법으로 설명하려 한다.
- **의견 바꿔치기** : 나쁜 본심을 마치 다른 생각인 것처럼 바꿔치기한다.

누구든 자기 자신은 소중하다. 자신을 지키고 싶은 마음은 이해한다. 하지만, 이러한 사고방식과 행동이 과해지면 자기 보호가 너무 강해져 전혀 수습이 되지 않는다.

이 중에서도 의견 바꿔치기가 높은 비율을 차지한다. 실은 '싫다'라고 생각했으면서 "절대로 싫다고 생각하지 않았어"라고 바꿔치기하는 방법이다. 이것은 '싫다'라고 생각한 것을 들키고 싶지 않은 마음에서 비롯된 자기 보호라고 할 수 있다.

내가 매우 신뢰하고 정말 좋아하는 S 씨라는 동료가 있다. S 씨와 함께 있어서 기분이 좋은 이유는, 그녀가 언제나 본심을 이야기한다고 느껴지기 때문이다. "싫은 건 싫어", "좋은 건 좋아", "불편한 건 불편해"라고 확실하게 말한다. 말과 태도가 일관되어 매우 안심이 된다.

그런 S 씨니, 만약 초대를 거절할 때도 이유를 숨기지 않고 확실하게 말한다. 이미 스케줄이 잡혀 있다면 "그날은 선약이 있어서 안 돼요", 기분이 내키지 않는다면 "사람이 많은 곳은 그다지 좋아하지 않아서 사양할게요"라고 솔직히 말한다.

물론, 그녀도 상대와 상황에 맞게 부드럽게 전할 때가 있다. 하지만 그럴 때도 그 자리만 모면하려 하지 않고 무슨 말을 했는지 제대로 기억해 두며, SNS에 업로드할 때도 타이밍과 내용 때문에 상대가 불쾌해지지 않도록 배려하는 것을 잊지 않는다.

여기서 중요한 점은, 애초에 거짓말을 하거나 괜히 얼버무리려 하지 말고 나중에 수습이 필요해지는 상황을 만들지 않아야 한다는 점이다. 거절할 때야말로 어떻게든 흐지부지 넘어가려 하지 않고, 거절한 뒤의 일도 생각하면서 자기 행동에 제대로 책임을 지도록 노력하는 것이 무척 중요하다.

먼저 초대해 보자

초대를 거절했는데 다른 모임에 갔다는 것을 그만 들켜버린 경우, 당황해서 변명을 떠올리지는 말자. 변명하다가 거짓말을 거듭하게 될 수도 있으며, 상황이 더 복잡해질 수도 있다.

초대를 거절한 이유가 그 상대가 불편해서가 아니고 그 상대와 앞으로도 사이좋게 지내고 싶은 마음이 있다면, 시간이 조금 지난 뒤에 먼저 초대해 보는 것은 어떨까?

'불쾌하게 만들었는데 초대하다니 뻔뻔하다고 생각하지 않을까?'라는 마음이 들 수도 있다. 진짜 그렇게 생각하는지는 상대밖에 모른다. 뻔뻔하다며 화를 낼 수도 있겠지만, 상대도 적잖이 상처받아 당신을 대하기 두려워졌을 수도 있다.

초대했더니 확실하게 싫어하는 모습을 보인다면 억지로

강행하는 건 역효과다. 그러니 '한번 만나서 얘기하고 싶다'라는 마음만 전하고, 때를 기다렸다가 다시 말을 걸어 보자.

싫어하지는 않는 것 같지만 아니꼬운 분위기라든가, 약간 화가 나 있는 듯한 말투일 때는 "그때는 모처럼 초대해 줬는데 미안해"라고 제대로 사과한 뒤에 왜 그랬는지를 제대로 전하는 것이 중요하다.

"어쩐지 내키지 않았어", "장소가 멀었어", "불편한 사람이 있었어", "모르는 사람만 있는 곳에 갈 엄두가 안 났어" 등등 분명 내키지 않았던 이유가 있었을 것이다. 그것을 사실 그대로 얼버무리지 않고 전하면 행동의 원인을 알게 되어 상대의 마음이 누그러질지도 모른다.

행동과 결과만을 보고 '무슨 생각이지?'라고 생각하거나 상대가 그렇게 생각하게 만들면 인간관계에 큰 장애물이 된다. 즉, 행동의 이유를 알면 그것만으로도 해결로 이어질 수도 있다는 이야기다.

POINT

**찜찜하게 만들기보다
먼저 말을 걸어 초대해 보자.**

"내일 보기로 했지?"라고 문자가 와서 떠올려 보니 완전히 잊고 이미 다른 약속을 잡았다

스케줄표에 적어 두는 것을 잊어버려 상대에게서 연락을 받고시야 약속이 있었다는 것을 깨달았다. 하지만 이미 다른 중요한 볼일이 있어 갈 수 없는 상태다.
당신이라면 이럴 때 어떻게 할 것인가?

아무리 작은 약속이라도
지키는 것을 최우선으로 하고
그 자리에서 기록(수첩, 스케줄표,
리마인드 앱 등)하는 것을 습관화한다.

OK

NG

일단 계속 사과한다.

RECOVERY

"❶ 지난번엔 미안했어.
❷ ○월 ○일에 시간 있어?
❸ ○○라는 가게에 가지 않을래?"
처럼 여러 가지 대안을 제시한다.

다른 사람과 약속할 때 당신은 어떻게 하는가? 바로 그 자리에서 수첩에 쓰거나 스마트폰 스케줄 앱에 기록하는 사람은 문제가 생길 일이 거의 없다. '기억해 둘 테니까 괜찮다', '나중에 써 두자'라는 사람은 주의가 필요하다. 직전 또는 당일이 되어서야 당황스러운 사태가 벌어져, 상황에 따라서는 관계가 단번에 악화될 수도 있다.

약속은 서로가 지킨다는 것을 전제로 한다. 이를 적당히 넘겨도 되는 일로 취급하면 상대를 가볍게 보고 있다는 표현으로 받아들여질지도 모른다. 약속했다면 책임을 갖고 약속대로 행동하자. 그것이 어렵다면 처음부터 할 수 없는 약속은 하지 않는다는 의식을 갖는 것이 좋다. 이는 인간관계를 원활하게 유지하는 데 중요한 요소다.

하지만, 예를 들어 아무 생각 없이 이야기하다가 잡은 약속이나, 술을 마셔서 알딸딸한 기분에 한 약속 등은 자신도 모르게 그 약속의 존재 자체를 잊어버리곤 한다. 자신은 확정된 약속이 아니라고 생각했지만, 상대의 머릿속에서는 이미 확정된 경우도 있다.

자신의 잘못이 명백할수록 "사과하는 수밖에 없다"라고 말하는 사람도 많을 것이다. 확실히 일이 벌어진 것은 사실이니, 사과 이외에는 생각나지 않는 마음도 이해한다. 물론 자기 잘못을 제대로 인정하고 사과하는 것은 성의를 보인다는 의미에서도 중요하다.

하지만, 그저 계속 사과하기만 하면 상대의 기분이 그다지 좋지 않을지도 모른다. 사과가 반복될수록 사과받고 있다기보다 사과를 강요한다는 분위기가 강해져, "이제 됐어"라는 말밖에 할 수 없게 되기 때문이다. 이 경우, 상대는 "이제 됐어"라고 말하면서도 불쾌함이 사라지지 않기 때문에 응어리가 계속 남아버린다.

사과와 함께 호의를 전하자

상처 입힌 상대의 마음을 제대로 수습하기 위해서는 사과만으로는 충분하지 않다. 수습을 위해 할 수 있는 행동을 확실히 해 보자. 그것도 한 가지가 아니라 가능하면 두 가지 이상으로 말이다.

왜냐하면, 한 가지만으로는 사과하는 마음밖에 전할 수 없기 때문이다. 진심으로 미안하다고 생각하지만 마치 그 자리를 모면하기 위한 말로만 들려, 상대의 마음을 더 복잡하게 만들 수도 있다. 그러니 흔들린 관계성을 회복하려면 두 가지 이상의 대안을 생각해 보자.

예를 들면, 약속한 날을 잊어버렸을 경우 "정말 미안해, 다음 주에 혹시 시간 있어?"라고만 말하지 말고, "괜찮다면 지난번에 가고 싶다고 했던 그 가게에 가지 않을래? 만약 같이 갈 수 있으면 예약할 수 있는지 물어볼게"라고 이어서 제안하자.

이것은 즉, 사과뿐만 아니라 호의를 전하는 방법이다. 상대는 '약속을 지키지 않았다=나 같은 건 어찌 되든 상관없다고 생각하는구나'라고 느껴 상처를 받았을지도 모른다. 이 경우, "그런 식으로 생각하지 않았어"라고 필사적으로 설명해도 이미 약속을 어겨 버렸으니 설득력이 없다. 그러니, 그 사람을 위해 할 수 있는 행동을 생각해야 한다.

'뭘 해야 하지?'라고 고민할 수도 있겠지만, 어떤 행동이든 좋다. 상대는 뭘 해줬는지보다도 뭘 할지를 열심히 생각했다는 행동을 더 중요하게 보기도 한다. 한 가지라면 바로 떠오를지도 모르지만 두 가지, 세 가지라면 곰곰이 생각해 봐야 한다. 그러니 두 가지 이상의 제안을 하면 상대를 생각하는 마음이 전해져 수습이 된다.

POINT 솔직하게 진심으로 사과하고 대안을 두 가지 이상 제시하자.

이럴 땐 어떻게 할까?

친구와

몇 번 주의를 줘도 고쳐지지 않아
짜증이 나서 나도 모르게
"바보냐!"라며
매몰차게 말했다

만날 때마다 자주 지각하는 친구가 있다. 매번 연락도 없이 지각해서 그때마다 주의하라고 경고했다. 어느 날, 또 지각해 매우 화가 나 나도 모르게 "왜 자꾸 그러는 거야? 바보냐!"라고 말하며 차갑게 대하고 말았다. "정말 미안해"라고 말하며 울 것 같은 친구를 보니 역시 말이 너무 심했다는 생각이 들지만, 몹시 화가 났기에 머릿속이 복잡하다.

당신이라면 이럴 때 어떻게 할 것인가?

상대에게도 사정이
있다는 것을 고려하면서
"시간을 지켜줬으면 좋겠어"라고
냉정하게 말한다.

OK

"애초에 너는 언제나 지각하잖아"
라고 더 강하게 비난한다.

NG

"말을 심하게 했지만,
나와의 약속을
가볍게 여기는 것 같아서 서운해"
라고 자신의 마음을 전한다.

RECOVERY

처음 만나는 사람은 상대를 아직 잘 몰라서 불안한 한편, 경계심도 있어서 신중해지는 법이다. 그런 점에서 가족과 친구는 안심이 되니 처음 만나는 사람을 대할 때와는 다른 태도를 보일 때가 꽤 많다.

다만, 친구라고 뭉뚱그려서 말해도 상대에 따라 마음의 거리가 다르다. 이제 막 친구가 됐을 때는 서로에게 꽤 신경을 써 주며, 말도 태도도 고민한다. 이후, 같이 시간을 보내는 일이 늘어나고 긴 시간이 지나면 점점 마음이 편해져 솔직하게 하고 싶은 말을 할 수 있게 된다.

이것이 바로 친밀함이고, 마음이 편해지는 것 자체는 기쁜 일이다. 하지만, 아무리 사이가 좋아져도 그 친구는 한 명의 인간이며, 자신과 다른 인격체라는 점에는 변함이 없다. 사이가 좋다고 해서 무슨 말을 해도 좋다는 뜻은 아니다.

마음이 편하다고 해서 감정 그대로 행동하면 생각보다 더 심한 말을 하거나 안 좋은 태도를 보이기 쉽다. 또한, 만약 그로 인해 상대가 욱하는 표정을 짓거나 울 것 같은 상황이 벌어지면 이번에는 죄책감과 함께 '잘못한 건 너잖아'라는 억울함이 생겨, 더 감정이 격해지는 경우도 있다. 이렇듯 말은 때로는 흉기가 되는데, 이런 일은 일상적으로 일어나고 있다.

이전에 일했던 직장에서 서류 작성을 부탁받아 야근까지

하며 어떻게든 마무리 지어 제출했더니, 친한 상사에게 "이래 선 안 되지. 너 못 쓰겠네"라는 소리를 들은 적이 있다. 지금처럼 직장 내 괴롭힘에 대해 엄격하지 않은 시대였으니, 상사도 가벼운 생각으로 한 말이었던 것 같다. 하지만, 상사의 생각과는 별개로 나는 매우 상처받아 주눅 들고 말았다. "못 쓰겠네"라는 말만이 머릿속에 몇 번이나 맴돌아, 자신감을 잃어 다시 일어설 때까지 꽤 시간이 걸렸던 기억이 있다.

대다수의 경우, 말은 내뱉은 본인보다 그 말을 들은 사람이 훨씬 더 잘 기억한다. 그리고 내뱉은 사람 입장에서 보면 '그런 일로?', '그 정도로?'라고 생각할 때가 많다. 그러니, 기분 그대로 "바보냐!"라고 심하게 말하면 예상보다 더 깊이 상대를 상처 입힐 수도 있다. 게다가, 말을 한 이후의 기분도 좋지 않으니 '너무 말이 심했나?'라는 생각에 안절부절못하는 마음만 남을지도 모른다.

마음을 전할 땐
나를 주어로 하자

이럴 때 취해야 할 행동은 자신의 마음을 말로 분명하게 표현하는 것이다. 즉, 화가 치밀어 오르고 짜증이 날 때, 그 불쾌함을 없애기 위해 상대의 행동을 비난하려고 하면 "너 때문에", "네가 그러니까" 같은 심한 말이 나오기 쉽다. 하지만 내 마음 자체를 제대로 상대에게 전하려 한다면 "나는 그런 일을 당하면 기분이 나빠", "나를 가볍게 보는 것 같아서 속상해"라고 표현하게 된다.

이것은 대화 이론이나 심리학에서 '아이 메시지(나를 주어로 삼아 전달하는 법)'라고 불리는 방법이다. "나는 ○○라고 생각해"라고 말하는 전달법은 수습이나 관계 회복에도 매우 중요한 메시지가 된다.

아이 메시지를 상대에게 전하려면 자신이 어떤 기분인지를 먼저 제대로 이해할 필요가 있다. 만약 자신의 기분이 어떤지 바로 알 수 없다면 일단 '어째서일까?'라는 말을 자신에게 슬쩍 던져보자.

조금 차분하게 '나는 지금 꽤 짜증이 났어. 어째서일까?'리고 생각해 보자. 앞서 말한 지각의 사례라면, '나는', '약속을 어겨도 괜찮은 상대라고 여겨지는 것 같아서 싫어'라든가 '나는', '연락도 없으니 걱정이 돼'라든가 '나는', '시간에 맞춰 오려고 달려온 나를 조금 생각해 줬으면 좋겠어'라는 다양한 마음이 떠오르지 않을까?

그 마음을 제대로 전해 보자. 심한 말만으로는 짜증 나는 기분밖에 전할 수 없지만, 마음을 제대로 말로 표현해 전하면 정말 하고 싶었던 말을 알아줄 가능성이 커진다. 물론, 내뱉은 말이 그대로 상대의 마음에 콱 박혔을지도 모르니 "심하게 말해서 미안해"라는 말까지 더해 마음에 박힌 말을 제대로 뽑아주는 것도 잊지 말자.

POINT

"나는 ○○라고 생각했어"라는
아이 메시지를 더하자.

예상 못 한 곳에서
직장 동료를 만나 당황해
제대로 인사도 못하고
지나가서 서먹해졌다

휴일에 쇼핑몰에서 직장 동료와 딱 마주쳤다. 상대는 "아! ○○
씨!"라고 기쁘게 말을 걸어왔는데, 나는 화장도 히지 않았고 옷
도 대충 입어서 칭피한 마음에 고개를 숙이고 "아, 안녕하세요"
라고만 말하고 사라져 버렸다. 상대가 어쩐지 '기분 나빠'라고 생
각했을 것 같다.

당신이라면 이럴 때 어떻게 할 것인가?

O

OK

제대로 웃는 얼굴로 인사하고
"나중에 천천히 얘기해요"
라고 말한다.

X

NG

그대로 어쨌든 서둘러서
그 자리를 뜬다.

수습
하기

RECOVERY

"그때, 혹시 보셨어요?"로
상대가 미처 몰랐을 법한 사정을
설명한다.

어떠한 자극을 받았을 때의 반응은 사람에 따라 다양한데, 무의식적으로 나오는 순간의 언동을 척수 반사라고 한다. 대화의 방법을 아무리 많이 알고 있어도, 척수 반사적으로 그것을 잘 적용할 수 있는 사람은 많지 않을 것이다. 물론, 무의식적으로 튀어나올 정도로 반복해서 트레이닝하면 가능할지도 모르겠지만, 시간이 필요하니 간단한 일이 아니다.

그러니 갑작스러운 사건에는 잘 대처할 수 없는 것이 당연하며, 순간적으로 잘 대응하지 못했다고 해도 필요 이상으로 주눅 들 필요는 없다. 그때부터 어떻게 하면 잘 대응할 수 있을지를 연습하면 된다.

하지만, 의도치 않게 저지른 행동과 언동 때문에 상대와의 관계에 금이 가버리는 일은 가급적 피하고 싶다. 무의식적으로 저지른 일을 처음 수습할 때는 의식적인 행동을 더하는 것을 추천한다.

물론 어떤 행동이라도 좋은 건 아니다. 만약, 껄끄러운 분위기가 되었다고 해서 그 자리를 도망치듯 사라져 버리면 인상이 더 나빠질 수 있다. 그러니, 순간적으로 정색하고 "아, 안녕하세요"라고 말했다고 해도 자리를 벗어나기 전에 표정과 몸짓 등으로 제대로 메시지를 보내는 것을 잊지 말도록 하자. 예를 들면, 가볍게 손을 드는 것만으로도 인상이 좋아진다.

단 한마디, "다음에 다시 천천히 얘기해요"라는 말만 해도 좋다. 이 한마디로 눈앞에 있는 그 사람이 싫은 게 아닌, 지금은 상황이 좋지 않다는 것을 전할 수 있기 때문이다.

나중에
슬쩍 확인해 보자

만약 그럴 여유도 없이 도망쳐 버린 상황이라면, 다음에 만났을 때 "그때 저, ○○했는데 혹시 보셨어요?"라고 먼저 슬쩍 물어보는 것이 어떨까? 이러면 "저 그때 민낯이었는데 보셨어요?", "집에서 입는 옷 그대로였는데, 보셨나요?"처럼 확인이라는 방식을 취하면서 그날의 사정을 전할 수 있다. 이렇게 말하면 "아, 그런 거였구나. 전혀 눈치 못 챘어"라고 웃어넘길 수도 있다.

이전에 거리에서 동료를 발견해 반갑게 달려간 적이 있었는데, 상대가 어쩐지 서먹서먹하고 불편하다는 듯이 행동해 조금 민망했던 적이 있다. '내가 무슨 잘못을 했나?'라고 마음에 걸렸는데, 나중에 만났을 때 상대가 "그때 제 옆에 나이 많은 남자가 있었던 것 보셨어요? 고객이었는데, 그날 조금 문제가 생기는 바람에 혼났거든요. 그래서 말을 걸어주셨는데도 제대로 얘기도 못 했어요. 미안해요"라고 말해주었다.

솔직히 나는 그 남자의 존재를 눈치채지 못했다. 동료의 태도밖에 보이지 않았으며, 그런 사정이 있었다는 걸 안 뒤에는 오히려 타이밍이 나쁠 때 말을 걸어서 미안하다는 마음이 들었다.

"그때, 혹시 봤어?"라는 말은 상대가 오해할 만한 일을 저질렀다는 생각이 들어서 수습할 때 추천하는 말이다. 당신의 모든 상황이 언제나 상대에게 보이는 것은 아니다. 상황을 이해하면 '그런 거였구나'라고 이해해 주는 경우가 적지 않다.

미소는
최고의 화장이다

미국의 여배우 마릴린 먼로는 "미소는 최고의 화장이다"라고 말한 적이 있다. 아무리 열심히 얼굴을 관리해도 무표정이라면, 그 얼굴을 아름답다고는 생각해도 매력적이라고 느끼기는 어렵지 않을까? 오히려 아름다운 만큼 가까이 다가가기 어려우며, 말을 걸기 힘들다고 생각할 수도 있다.

미소에는 어떤 피부 관리나 화장법에도 비할 수 없을 정도로 사람을 매력적으로 보이게 하는 힘이 있다. 순간적으로 좋은 말과 태도가 나오지 않는다고 해도, 미소를 지으면 수습이 필요하지 않을 수도 있다.

그러니 평소에 미소를 신경 쓰고 반사적으로 웃는 표정을 짓는 수준까지 도달했으면 좋겠다. 특별한 행동을 하지 않아도 방긋 웃으며 가볍게 인사만 해도 상대는 당신을 좋게 받아들일 것이다. 이러면 오해가 줄어들고 대화에서 실수할 만한 일도 생기지 않는다.

POINT

"그때, 혹시 봤어?"로 상황을 수습하자.

완벽한 대화 방법은 없다.
대화가 완벽해 보이는 사람과
대화가 힘든 사람의 차이는
어디에 있는 걸까?

3장

대화가 힘든 사람이
착각하는 것

이론이나 테크닉이
꼭 필요한 건 아니다

서점에 가면 대화와 관련된 책과 잡지 등이 즐비하며 인터넷 기사와 동영상으로도 많은 정보를 얻을 수 있다. 확실히 그 정보들은 매우 유익하며 알아두면 손해가 없다. 모두 실천하면 최소한 성과를 얻을 수 있다.

나도 대화를 주제로 매일 강연과 연수를 진행하고 있으며 책을 내거나 잡지에 기사를 쓰고 있다. 개인 상담 등도 하고 있다. 대화에 관한 고민을 줄이고 다른 사람과 좀 더 즐겁게 소통할 수 있게 돕고 싶다는 마음에 다양한 정보를 계속 알려 왔다.

하지만, 당연하게도 누구에게나 '알고 있다'와 '하고 있다', '할 수 있다'는 서로 다른 차원일 때가 많다. 알고 있어도 하지 않거나 할 수 없는 일은 많다. 아무리 머리로 이해하고 있다고 해도, 그것이 바로 모든 행동에 반영된다고는 할 수 없다.

실제로 강연이나 연수가 끝나고 뒤풀이에서 다음과 같은 말들을 종종 듣는다.

"하면 좋다는 건 알지만, 막상 실천하려고 하면 생각만큼 잘 안돼요."

"알고는 있는데 막상 그때가 되면 그만 잊어버려서….'

행동심리학의 '인큐베이터 법칙'에 따르면, 사람이 행동을 습관으로 만드는 데 걸리는 시간은 3주라고 한다. 사람은 누구나 자신 있는 일이 있으며 잘 못 하는 일도 있다.

예를 들면 자동차 운전도 그렇다. 처음에는 모두가 학원에서 거의 같은 내용을 똑같이 배울 텐데, 모두가 똑같이 운전을 잘하게 되는 것은 아니다. 같이 탄 사람이 안심하고 잠들 정도로 부드럽게 운전하는 사람이 있는가 하면, 조수석에 앉은 사람이 필사적으로 손잡이를 꽉 붙잡아야 할 정도로 불안하게 운전하는 사람도 있다. 어떤 이론이나 테크닉이든 누구나 똑같이 쉽게 할 수 있는 건 아니라는 이야기이다.

기술이 아닌
마음을 전하는 것이 우선

지금까지 많은 사람들에게 대화에 관한 고민과 실수를 들어보았다. 다른 사람과의 소통이 어렵다고 생각하며 문제를 갖고 있는 사람들 중 대다수가 이론이나 테크닉에만 너무 의존하는 것 같았다. 이론과 기술은 만능이 아니다. 사람에 따라 와닿는 정도가 다르기 때문에 하나의 테크닉이 다른 누군가에게도 언제나 같은 효과를 낸다는 보장은 없다.

나는 대화 능력이란 대화 스킬로 만들어지는 힘이 아닌 상대에 맞춰 적절하게 작용하거나 반응하는 힘이라고 생각한다. 예를 들면, 웃는 얼굴로 또박또박 말하는 대화법은 확실히 기분 좋은 대화법이지만 이것이 불가능하다고 해서 대화 능력이 없다고 할 수는 없다. 정확하게 말하는 것이 어렵다면, 가급적 조용한 장소를 골라본다든가 자신이 얘기하기보다는 상대의 이야기를 들으려 해 보자. 오히려 상대가 좋아해 관계가 나아질 수도 있다.

만약, 이 책을 읽고 있는 당신이 대화의 테크닉을 잘 사용하지 못해 고민하고 있다면 부디 걱정하지 말길 바란다. 대화의 목적은 기술과 지식을 발표하는 것이 아닌 마음이 교류하는

장을 만드는 것이기 때문이다. 항간에 넘쳐나는 이론이나 테크닉을 참고하면서 자기 나름대로 실천하기 쉬운 형태나 방법을 찾아보자.

불편한 사람이 있어도
괜찮다

음식의 좋고 싫음에 대해서는 이런저런 말을 하거나 듣는 경우가 많다. 하지만 사람의 좋고 싫음에 대해서는 '그렇게 생각하는 건 좋지 않아'라든가 '나쁘게 말하는 건 실례야'라고 생각하거나 비슷한 말을 듣곤 한다.

심리학에 '호의의 반보성'이라는 것이 있다. 상대에게 호의와 친절을 받으면 마찬가지로 호의와 친절로 보답하고 싶어지는 심리로, 상대가 자신을 좋아하길 바란다면 일단 먼저 상대를 좋아하자는 뜻이다.

이것의 반대 작용도 있다. 즉, '악의의 반보성'이다. 상대에게 혐오와 증오를 받으면, 마찬가지로 혐오와 증오를 돌려주고 싶어진다. 당했으니 갚아준다는 의미다.

호의든 악의든, 같은 일이 상대에게서 돌아온다고 하면 분명 호의를 가지는 게 좋다고 생각할 것이다. 하지만 타인은 모두가 자신과 다른 인간이므로, 비슷한 사람도 있는가 하면 정반대인 사람도 있으며 맞는 사람도 있는가 하면 맞지 않는 사람도 있다. 나를 좋게 생각하는 상대도 있는 반면, 나쁘게 생각하는 상대도 있기 마련이다.

어떤 사람에게든 그 사람에 대해 호의적인 사람이 20%, 호의도 악의도 없는 사람이 60%, 호의적이지 않은 사람이 20% 있다고 한다. 이것은 그 숫자를 따서 '262 법칙'이라고 불린다. 유명인이라도 그렇다. 매우 인기가 있어 그 사람을 동경하는 사람이 많이 있는 한편, 안티라고 불리며 그 사람을 안 좋게 생각하는 사람들도 많다.

이것은 자연스러운 균형이다. 만약 부정적인 20%의 존재를 배제하려고 해도, 가운데에 있는 60% 중에서 새로운 20%가 생겨날 수도 있다.

자기 주변의 인간관계도 마찬가지다. 매우 소중하고 긍정적으로 생각하는 상대가 20%, 특별한 감정이 없는 상대가 60%, 조금 불편한 상대가 20% 정도 있는 것이 자연스러운 균형일지도 모른다. 불편한 20%가 있기에 긍정적인 20%에 대한 호감을 더 강하게 느끼고 소중히 여긴다는 생각도 해볼 수 있다.

불편해도
싫어하지는 않는다

———

그러니, 불편하다고 느끼는 것 자체가 나쁜 것은 아니다. 오히려 감정을 가진 인간답다고 할 수 있다.

불편한 관계는 어색한 그대로도 좋다. 무리하게 그 감정을 없앨 필요는 없다. 하지만, 조금이라도 좋은 상태를 위해 대화를 수습하고 싶은 경우에는 싫은 감정은 들지 않는 상태를 추천한다. 왜냐하면 '불편함'과 '싫음'은 비슷해 보이지만 다르기 때문이다.

- **불편함**: 잘하지 못하는 것, 다루기 어려운 것
- **싫음**: 좋아하지 않는 것, 보고 싶지 않은 것

불편함은 능력적인 문제, 싫은 것은 감정적인 문제라고도 할 수 있다. 기본적으로 편하지 않다는 점에서는 같다. 하지만 능력적인 문제는 다른 방법으로 보충할 수 있지만, 감정적인

문제는 다루기가 무척 어렵다.

예를 들면, 매운 음식을 못 먹는 경우는 매운맛을 조절하면 먹을 수 있을지도 모른다. 하지만 매운 음식이 싫은 경우라면 맛을 조절한다고 해도 먹고 싶지 않다. 마찬가지로 그 사람이 불편한 것인지 그 사람이 싫은 것인지에 따라 사고방식도 행동도 달라진다.

그 사람이 불편한 경우라면 그 불편한 부분에 대한 접근 방법을 조절하여 인간관계를 조금이라도 편하게 만들 수 있는 가능성이 있다. 하지만 그 사람이 싫은 경우에는 싫은 사람에 대해 무언가를 하는 것 자체가 불쾌하기 때문에 할 수 있는 일이 없다. 당연히 수습하는 일 자체가 고통이 된다.

싫다는 생각은 선택지도 가능성도 좁혀버리곤 한다. 불편해도 좋으니 싫어지지는 않도록 노력하기만 해도 시야가 넓어지고 할 수 있는 일이 많아진다.

만약 '그 사람의 그런 점이 싫어'라고 느껴도, '그 사람의 그런 점이 불편해'라고 바꿔서 생각해 보자. '그렇게 말하는 사람은 싫어'라고 느끼면 그 사람과 대화하지 않는 법을 고민하게 될지도 모른다. 하지만 '그렇게 말하는 사람은 불편해'라고 느낀다면 그 사람과 어떤 방법으로 대화하면 될지 고민하게 될 것이다.

'좋아하지 않아도 괜찮지만 싫어하지는 말아라'는 악의의 반보성에 대한 방어책이 되기도 한다. 그리고 이를 통해 무리하게 자신을 억누르지 않고 불편한 부분은 불편한 그대로 두면서 더 좋은 인간관계를 위한 방법을 찾을 수 있다.

내게 맞지 않는 방법은
그만두자

　좋은 대화란 먼저 상대를 존중하고 상대에게 자신을 맞추는 일이라고 생각하는가?

　확실히 상대를 소중히 여기는 마음은 중요하다. 상대가 무슨 생각을 하고 무엇을 바라며 무엇을 원하는지, 이를 상상하면서 마주하는 것을 '다가간다'라고 한다. 하지만, 이것은 어디까지나 상대를 이해하기 위한 소재다. 대화의 주인공은 언제나 당신 자신이며, 그 중심에는 상대가 아닌 당신이 있어야 한다. 이것을 잊어버리면 언제나 상대를 중심에 두게 된다.

　실은 하고 싶지 않은데도 상대에 맞춰서 상대가 기뻐하는 말을 하고, 상대에게 편한 일을 해서 상대가 웃을 수 있게 노력한다면 상대에게는 물론 고맙고 기쁜 일일 것이다. 그런 의미에서는 상대에게 도움이 될지도 모른다. 하지만 자신은 과연 즐거울까? 기쁨이나 행복을 느끼고 상대와의 대화를, 좀 더 나아가 관계 자체를 편안하다고 느낄 수 있을까?

대화의 테크닉과 스킬에는 이론으로 뒷받침된 확실하고 효과 좋은 방법들이 많이 있다. 그 방법들을 쓰면 분명 효과를 얻을 수 있다. 하지만, 그렇다고 해서 그 모든 방법이 자신에게 맞는 방법은 아니다.

이전에 강연했던 회사에서 담당자가 이런 말을 한 적이 있다.

"연수에서 상대의 마음을 열 때는 칭찬이 중요하다고 해서 상대의 좋은 점을 찾아 가급적 칭찬하려고 해봤어요. 확실히 상대는 기뻐했지만, 아무래도 제 속에서는 '무슨 아양을 떨고 있는 거야'라는 느낌을 떨쳐버릴 수 없어 마음이 불편했습니다. 성적은 올랐지만 어쩐지 자신이 싫어지는 것 같았어요."

칭찬의 효과는 확실히 다양한 연구로 입증되었다. 칭찬은 상대의 인정 욕구(인정받고 싶은 마음)와 자기 긍정감(자신을 좋다고 생각하는 마음) 등을 충족시켜 편안함을 만들어내고, 관계 구축에도 긍정적인 영향을 준다고 한다. 이는 틀림 없는 사실이지만, 열심히 타인을 칭찬하려 하는 자신에게 위화감을 느끼고 불편을 느끼기 시작했다면 그 방법이 반드시 자신에게 좋다고는 할 수 없다.

방법은
스스로 정하는 게 좋다

아무리 이론과 근거가 명확하다고 해도, 그것이 자신에게 와닿지 않는다면 그 방법을 실천하는 것 자체가 고통이 될지도 모른다.

대화 방법도, 수습 방법도 한 가지가 아니다. 적극적으로 칭찬할 수는 없어도 부정하지 않는 자세를 유지하면 인정한다는 큰 틀에서는 같은 결과를 얻을 수 있다. 바로 그 자리에서 솔직하게 "미안해"라고 하지 않아도 괜찮다. 시간이 지나 상대가 곤란한 상황일 때 슬쩍 손을 내민다면 상대에 대한 애정을 전할 수 있다.

누가 뭐라고 하든, 무엇을 어떻게 할지는 당신이 정해도 좋다. 그래야 오래 계속할 수 있고, 최종적으로 좋은 결과로 이어지지 않을까?

　실천해 보고 아니라고 생각되는 방법은 그만두고, 기분 좋게 할 수 있는 방법만 남기고 조합해 새로운 방법을 만들어 보자. 이처럼 자기 나름의 선택지를 늘리면, 대화에 부자연스러움이 줄어들어 좀 더 자기답게 즐거운 대화를 할 수 있게 된다.

롤 모델처럼 되지 않아도
상관없다

당신에게는 동경하는 사람이 있는가? "너처럼 되고 싶어", "너처럼 살고 싶어" 같은 말이 떠오르는 사람을 묻는다면, 누구의 얼굴을 떠올릴 것인가?

심리학에 '사회적 학습 이론'이라는 것이 있다. 캐나다의 심리학자인 앨버트 반두라가 제창한 이론으로, '모델링 이론'이라고도 불린다. 이것은 자신이 직접 체험하지 않아도 타인의 경험을 관찰하거나 흉내 내면 학습할 수 있다는 이론이다.

예를 들어, 공격적인 어른이 나오는 영상을 본 아이는, 보지 못한 아이보다 공격적인 행동을 많이 하게 된다는 사실이 실험으로 밝혀졌다. 이는 물론 아이에 한정된 이야기가 아니며, 동경하는 야구 선수의 폼을 흉내 내면 야구 기술이 좋아지고, 이야기를 잘하는 사람을 흉내 내면 전달력이 높아지기도 한다. 패션 센스 같은 것도 잡지의 사진과 모델의 의상 등을 흉내 내어 연습하는 경우가 많다.

"먼저 잘 보고 똑같이 해봐."

돌이켜 생각해 보면 스포츠, 댄스, 악기 연주부터 접객, 응대, 영업까지 그때그때 내용은 다르지만 여러 분야에서 종종 듣는 말이다. '모방은 창조의 어머니'라는 말이 있듯이, 학습은 흉내 내는 것에서부터 시작된다. 확실히, 머리로 이것저것 기억하며 공부하는 것보다 흉내를 내면서 체감적으로 배우는 편이 구체적인 행동으로 빨리 몸에 익게 된다.

"밝고 힘차게 '솔' 음으로 입을 확실히 벌리면서 인사해 봅시다"라고 글자로 설명하는 것보다 실제로 하는 모습을 보여주며 "저 사람처럼 해봐"라고 하는 편이 바로 이해가 되며 실천하기에도 쉽다.

그렇지만, 역시 여기서도 오해하지 말았으면 하는 점이 있다. 아무리 좋은 방법과 행동이라도 그것이 절대적인 정답은 아니다. 모델로 참고한 그 사람에게는 그 방법이 제일 잘 맞을지도 모르겠지만, 당신에게도 똑같이 잘 맞을 거란 보장은 없다.

　내가 이전에 결혼식 사회자 일을 했을 때의 이야기다. 사회를 보기 전까지 다양한 트레이닝을 통해 말투나 행동은 물론이고 책임감과 프로 의식도 열심히 배우고 있었다. 어느날, 선배 사회자가 정말 멋있어서 '이 사람처럼 되고 싶다!'라고 결심했다. 목소리 톤, 말투, 행동, 분위기 등 모든 것이 멋지고 내가 동경하는 사회자 이미지 그 자체인 사람이었다.

　그래서 일단 그 사람을 흉내 내어 보려고 했다. 그런데 어찌 된 일인지 주위 사람들에게 혼나기만 하는 게 아닌가. "어쩐지 이상해", "조금 아닌 거 같아", "왜 그렇게 말하는 거야?" 등 지적의 연속이었다. 물론 나의 미숙함이 제일 큰 원인이었겠지만 "어쩐지 듣고 있으니 기분이 나빠"라는 말을 들었을 때, 딱 깨닫고 말았다. 확실히 나는 어쩐지 굉장히 부자연스러웠다.

　선배의 목소리 톤은 침착한 저음이었는데, 내 목소리는 원래 조금 높은 톤이다. 선배는 차분하고 정중한 말투였는데, 나는 굳이 말하자면 빠르고 통통 튀는 말투였다. 그런데 선배를 흉내 내고자 무리하게 목소리를 낮추고 의식적으로 말을 천천히 하니, 오히려 부자연스러워 듣기 힘들었던 것이다.

　"선배처럼 되고 싶다"라고 트레이너에게 말했더니, "너는 그런 캐릭터가 아니니까 억지로 흉내를 내는 건 오히려 역효과야"라고 지적받아 겨우 이해했다. 사람에게는 모두 다른 캐릭터가 있으며, 그 캐릭터에 크게 반하는 행동을 억지로 하려고 하면 오히려 실수하기 쉬워진다.

그 사람처럼 될 수 없다고 해서 내가 실패한 것은 아니다. 자신에게 불가능한 일이 가능한 사람을 보면 부러워지며, 자기도 모르게 그 사람처럼 되고 싶다는 생각이 들 수 있다. 하지만, 무엇을 어떻게 해도 우리는 자신 이외의 다른 누군가가 될 수는 없다.

'역시 나는 안 되나 봐'라고 주눅 들기 전에 이 말을 떠올려 보는 게 어떨까?

'캐릭터가 다를 뿐이다.'

동경하는 사람이 옳고 좋은 것도, 당신이 틀리고 나쁜 것도 아니다. 그저 캐릭터가 다를 뿐이다. 똑같은 옷이라도 어떤 사람에게는 무척 잘 어울리지만 다른 사람에게는 전혀 어울리지 않는 경우도 종종 있지 않은가?

'이렇게 되고 싶으면 이렇게 하자'라는 식의 정보는 세간에 넘쳐난다. 이는 흉내 내어 배우는 방식에서는 확실히 효과적일지도 모르지만, 모든 캐릭터에게 맞는 방법이라고는 단언할 수 없다. 동경하는 사람의 좋은 점을 따라 하는 방법은 숙련의 지름길이긴 하지만, 그 목적은 어디까지나 자신을 연마하는데 있다는 것을 잊지 말았으면 한다. 즉, 그 사람처럼 되는 것이아닌, 그 사람의 장점을 가진 내가 되는 것이 목적이다.

그러니 그 사람처럼 되지 않아도 괜찮다. 그 사람을 따라한다기보다, 그 사람의 좋은 행동을 어떻게 하면 자기 나름대로 할 수 있을지 생각해 보자. 그러면 여러 모습을 좀 더 기분좋게 자신의 것으로 흡수할 수 있지 않을까?

이를 위해 그 사람의 장점을 섬세하게 분석해 보자. 예를들면, 다정함이 멋지다고 생각한다면 구체적으로 어떤 점에서다정하다고 느끼는지를 조금 더 관찰해 보자.

- 주위에 "뭔가 제가 할 수 있는 일이 있을까요?"라고 자주 얘기한다.
- 다른 사람을 위해 문을 열어주고 "먼저 가세요"라고 말한다.
- 기쁜 일을 이야기하면 "잘됐네요!"라고 말하며 함께 기뻐한다.

이런 요소가 보인다면, 자기 나름대로 할 수 있는 범위 내에서 이 행동들을 해 보자. 예를 들면,

- 여러 사람에게 말하는 것은 불편하니, 가까운 한 사람에게 "뭔가 도울 일이 있을까요?"라고 말한다.
- "먼저 가세요"라고 말하긴 부끄럽지만 문을 여닫는 것만이라도 내가 할 수 있을 때 나서서 한다.
- 누군가가 기쁜 이야기를 할 때는 가급적 웃는 얼굴로 듣는다.

이러한 것들을 생각해 볼 수 있다.

다른 누군가가 되고자 해도 될 수 없지만, 자신의 가치를 올리는 일은 얼마든지 가능하다. 가급적 자신이 할 수 있는 일을 해 보면서 조금씩 동경하는 모습에 가까이 가 보자.

밝게 또박또박
말하지 않아도 된다

'대화 능력이 높은 사람'이라는 말을 들으면 어떤 말투가 떠오르는가?

연수 등에서 이렇게 질문해 보니, "힘차다", "밝다", "또 박또박 말한다", "말이 거침없이 나온다"라는 대답이 나왔다. 이러한 말투들을 떠올리는 사람이 많은 것 같았다. 확실히 기 운이 없거나 낮은 목소리로 중얼거리는 등 말을 시원하게 하 지 않는 사람보다는 위와 같은 사람들의 말이 더 기분 좋을 것 이다.

그렇다고 해서 기운차고 밝게 얘기하는 게 다 좋은 것은 아니다. 물론, TV나 인터넷 영상 등에서 터질 듯한 미소와 함께 밝고 큰 목소리로 화면을 종횡무진하는 연예인들을 보면 즐겁고 밝은 기운이 느껴진다며 호감을 느끼는 사람들도 있긴 하다. 하지만 한편에서는 "시끄럽다", "기운이 너무 세서 버겁다", "보고 있으면(듣고 있으면) 피곤하다"라고 느끼는 사람들도 적지 않다.

이전에 같은 대화법 강의를 수강했던 동료 중에 좀처럼 원하는 목소리와 말투가 나오지 않아 고민하는 사람이 있었다. 그녀의 목소리는 매우 얇고 부드러워서 연약한 느낌이었다. 작은 방울이 딸랑딸랑 울리는 것 같은 귀여움도 있었지만, 그만큼 힘이 약해 에너지가 부족하고 가냘픈 느낌이기도 했다.

어느 날, 대화법 트레이닝을 하다가 나도 그녀도 크게 혼난 일이 있었다. 둘이서 '밝고 또박또박 명확하게'를 신경 쓰면서 발표했고 나름 자신이 있었던 만큼 깜짝 놀랐었다. 다만, 나도 분명 어쩐지 딱 와닿지 않는다고 생각하긴 했다. 평소에 나누는 대화임에도 웬지 대본을 읽고 있는 듯한 느낌이 들었다.

예를 들면, "고마워"라고 할 때 활짝 웃으면서 엄청 힘을 주며 "거마윗!"이라고 말하는 느낌이었다. 활기찬 건 좋은 일이지만, 억지스러운 활기는 오히려 위화감이 생길 수도 있다.

표정이 어두운 것보다는 밝은 편이 인상이 좋으며, 목소리가 작은 것보다는 큰 편이, 발음이 나쁜 것보다는 좋은 편이 알아듣기 쉬운 것은 물론 당연하다. 하지만, 만약 부족한 부분이 있더라도 그것을 억지로 좋아 보이게 만드는 것은 글자 그대로 어색한 일이 될 뿐이다. 그러면 마음이 편하지도 않다.

고칠 필요는 없다

솔직히 말하자면, 표정과 목소리 그리고 분위기는 어떻든 간에 자신이 갖고 태어난 소중한 개성 중 하나다. 사자에게는 사자만의, 호랑이에게는 호랑이만의, 고양이에게는 고양이만의 장점이 있다. 정해진 정답은 없으며, 호랑이는 고양이가 될 필요가 없고 고양이도 호랑이가 될 필요가 없다.

즉, 당신이 가진 개성이 설령 일반적으로 좋다고 여겨지는 것과 조금 차이가 있다고 해도, 그것을 고칠 필요 따위는 없다. 무리하지 말고 가진 것을 토대로 삼아, 자신이 원하는 모습을 위해 할 수 있는 일을 자기 나름대로의 방식으로 해 나가면 좋지 않을까? 고치는 것이 아니라 잘 다듬으면서 말이다.

예를 들어, 목소리가 작다면 무리하게 크게 내려 하지 말고, 작은 목소리로 말하는 방법을 바꿔보자. 목소리 자체가 작더라도 시간을 들여 천천히 얘기하면 그것만으로도 꽤 잘 들리게 된다.

밝게 이야기하는 것이 서툴다면 억지로 미소 지으며 밝아 보이려고 노력하는 것보다, 예를 들면 말투만 밝은 느낌으로 바꿔보는 게 어떨까? 구체적으로는 '요', '네', '죠' 등을 쓰면 소리의 울림이 부드러워지는 만큼 인상이 밝아진다. 예를 들면, "또 연락드리겠습니다"를 "또 연락드릴게요"로 바꾸거나 "그렇습니다"를 "그렇죠"로 바꾸기만 해도 받아들이는 인상이 달라진다.

개별적으로 대화법 트레이닝을 할 때, 많은 사람들이 자신의 나쁜 부분을 고치고 싶다고 말한다. 하지만, 이야기하는 것을 잘 들어보면 반드시 고쳐야 하는 단점을 가진 사람들은 거의 없다. 다만 덜 다듬어졌을 뿐이다.

말하는 방법은 보석과 같다. 연마하지 않으면 평범한 돌이지만, 연마하면 반짝반짝 빛이 난다. 당신에게도 분명 그런 요소가 생각보다 많이 있을 것이다.

걱정이나 불안이 있는 게
정상이다

"미움받고 싶지 않아요."

"잘하지 못하면 어떡하죠?"

"이런 말을 했다가 그 사람이 이상하다고 생각하지 않을까요?"

대화에 관한 고민 상담을 하고 있으면 이런 말을 하는 사람들이 많다. 가급적 미움받고 싶지 않으며, 실수하고 싶지도 않고 상대가 이상하다고 생각하지도 않았으면 좋겠다. 이것은 매우 자연스러운 마음이며 이렇게 생각한다고 해서 약하거나 나쁜 것도 아니다.

이러한 걱정과 불안이 있는 것은 분명 이상한 일이 아닌데, 이를 필사적으로 숨기려 하다가 문제의 소지가 생기기도 한다. 미움받고 싶지 않은 마음에 상대의 안색만을 계속 살피고, 실수하고 싶지 않은 마음에 너무 신중해져 아무것도 할 수 없게 되며, 상대가 이상하다고 생각할까 봐 하고 싶은 말을 참는다. 이래서는 좋은 관계를 만들어 나가기 힘들며, 무엇보다도 자기 자신이 사람과의 관계를 즐길 수 없게 된다.

걱정과 불안이 커질수록 '하지만 내게는 문제가 발생해도 해결할 수 있는 대화 능력이 없는걸'이라는 생각에 더욱 자신을 내모는 경우도 있다. 그렇다면 대화 능력이 강한 사람은 절대로 미움받지 않으며, 실수하지 않고 이상하게 보이는 일도 없을까? 그런 사람이 세상에 있을까?

나는 대화를 주제로 강연과 연수를 진행하면서 지금까지 몇만 명의 사람들과 만나왔는데, 그런 사람은 지금까지 단 한 명도 본 적이 없다. 주위에서 "저 사람은 대화의 달인이다"라는 얘기를 듣는 사람이라도 그 사람을 불편하게 생각하는 사람이 있을 것이고, 그 사람과 아무리 열심히 대화해도 서로 맞지 않아 잘 어울릴 수 없는 상대도 있을 것이다.

즉, 대화 능력이 있다는 것은 다른 사람과의 관계에서 실수도, 걱정도, 불안도 없다는 말이 아니다. 오히려 실수와 불안,

걱정이 있다는 전제하에 그것을 극복하면서 지금 할 수 있는 일을 가능한 한 최선을 다해서 하는 태도가 바로 대화 능력이 아닐까?

불안과 걱정은 있는 편이 낫다

우리의 머릿속 신경 전달 물질 중에 세로토닌이라는 것이 있다. 이것은 '행복 호르몬'이라고 불리며, 뇌의 흥분을 억제하거나 몸과 마음을 편안하게 만드는 효과가 있다고 밝혀졌다. 이 세로토닌의 농도를 조절하는 '세로토닌 수송체'라는 단백질이 있는데, 이 단백질의 양이 적으면 세로토닌이 감소해 쉽게 불안과 짜증을 느낀다고 한다.

이 세로토닌 수송체의 양이 아시아인에게는 상대적으로 적다고 알려져 있다. 연구에 따르면 여러 가지 설이 있지만, 일본인의 80% 이상이 유전적으로 적다고 한다. 즉, 애초에 우리 대부분이 원래 불안과 걱정을 쉽게 느끼는 경향이 있다고 할 수 있다.

유전적인 요소까지 영향을 끼치니, 의도적으로 불안을 안 느끼려고 해도 좀처럼 생각대로 되지 않을 것이다. "좀 더 긍정적으로 생각해"라고 해도 말처럼 쉬운 일이 아니며, "과한 걱정이야"라고 해도 걱정은 걱정이니까 어쩔 도리가 없다.

불안과 걱정이 존재하는 만큼 그에 따른 이득도 있다. 예를 들면, 자연재해는 불안이 있기 때문에 대비한다. 여차할 때 곤란하지 않도록 필요한 물건을 예상해서 갖춰둔다. 만약 그러한 불안이 전혀 없다면 준비도, 대비도 안 하지 않을까?

대화도 마찬가지다. 불안과 걱정이 있기 때문에 잘 되는 경우도 많다. 미움받고 싶지 않기 때문에 상대가 싫어하는 일을 하지 않고, 오해받고 싶지 않기 때문에 친절하게 말하려고 노력하고, 이상하게 생각할까 봐 자신을 객관적으로 보고 냉정해진다.

이처럼 불안과 걱정을 느끼는 마음이 있는 사람이야말로 대화를 중요하게 여기는 사람이며, 그래서 다른 사람과 잘 교류하게 되는 경우가 많다. 그러니 만약 지금 당신이 불안과 걱정이 많다고 해도 '그래서 신중하고 친절하게 행동할 수 있는 거야'라고 받아들이고, 더 좋은 상태를 만들어 나가기 위해 그것들을 활용해 보자. 불안은 당신의 적이 아닌 아군이기도 하다.

나다운 모습에
얽매이지 말자

"나다운 모습으로."
"있는 그대로의 모습으로."

최근에 특히 이런 말들을 종종 듣게 되었다. 확실히 다른 사람이 어떤지보다 자신이 어떤지가 더 중요하고, 무언가를 잘하는 것보다 자신이 편안해지는 것이 더 중요하다. 이 책도 그런 메시지를 담아 쓰고 있다.

다만, '나다운 모습'이라는 말을 들어도 그게 뭔지 몰라서 곤란한 사람들도 있다. 실제로 예전에 어떤 기업의 연수에 갔을 때, 휴식 시간에 한 여성이 찾아와 이런 질문을 한 적이 있다.

"나다운 모습으로 있으려 하는데, 뭐가 나다운 건지 바로 와닿지 않아요. 그래서 제 의견을 말하는 것도 불편하고, 누군가가 의견을 물어보기만 해도 몸이 굳어 버려요. 어떻게든 하고 싶은데, 방법이 있을까요?"

생각해 보면, 나다운 모습이라는 것은 자신이 분명한 상태임을 전제한 말이다. 아직 그 점이 애매한 상태에서 나다운 모습으로 있는 게 좋다고 하면 그것이 어떤 상태인지, 어떤 모습이 좋다고 하는 건지 딱 와닿지 않는다.

나다운 모습을 잘 몰라 고민하고 있다면, 그것이 고민과 불안을 해결할 수 있는 힌트 대신 고민거리가 되고 만다.

일단 되어 본다

이렇게 만약 나다운 모습 때문에 고민하고 있다면, 먼저 '되어 보는 것'부터 시작해 보는 건 어떨까? 되어 본다는 것은 나다운 모습인지 아닌지는 제쳐 두고, 이상적이라고 생각하는 자신이 되어 보는 것을 말한다.

예를 들면, 불편한 사람과 대화하는 상황을 예시로 들어

보겠다. 마음이 불편해 표정이 굳어지고 목소리 톤이 낮아지며 말투도 딱딱해졌다. 상대도 그런 분위기를 알아채고 마찬가지로 기분이 처져 입을 다물어 버렸다. 꽤 괴로운 상황이다.

여기서 나다운 모습을 전면에 내세운다면, 예를 들어 불편하다는 것을 솔직히 인정하고 순순히 그 자리를 마무리한 후 메일로 연락하는 것으로 끝내는 방법을 생각할 수 있다. 하지만, 만약 그렇게 행동하는 자신을 기분 좋다고 생각하지 않는다면 그게 나다운 모습은 아닐지도 모른다.

그럼 어떻게 해야 할까? 고민된다면, 일단 이상적인 자신의 모습이 되어 보자. 예를 들면 불편한 사람에게도 분명 좋은 부분이 있을 거라고 믿고, 상대의 장점을 보고 웃으며 대할 수 있는 자신이 이상적이라고 느낀다면, 그런 자신이 되어 그 마음에 따라 행동해 보자.

만약 여기서 '이런 건 진짜 내가 아니야'라고 생각하거나 위화감을 강하게 느낀다면 그 모습이 나답지 않다는 것을 알게 된다. 그렇다면, 또 다른 이상적인 자신을 찾아 되어 보자. 이를 반복하면 점점 나다운 모습이 어떤 모습인지 분명 알게 될 것이다. 앞서 이야기한 캐릭터와 같은 이미지이다.

자신의 생각과 마음은 자신의 것인데도 스스로 잘 모르는 법이다. 이를 알기 위해서는 어쨌든 먼저 다양한 시도를 하면서 찾아보는 수밖에 없다.

자신의 본심을 알기 위한 기준으로 알려진 방법 중에 '동전 던지기'가 있다. 이것은 예를 들면 A인지 B인지 고민되는 일이 있을 때 동전을 던져 결정하는 방법이다. 앞면이 나오면 A, 뒷면이 나오면 B로, 동전을 던져 결과를 본 순간에 마음에 떠오른 느낌이 본심에 가깝다고 할 수 있다. 어느 쪽이 나왔다고 해도 그 결과를 보고 순간적으로 좋다고 생각하면 나온 쪽이 본심에 가까우며, 싫다고 생각하면 반대의 결과가 본심에 가깝다.

되어 본다는 방법은 이 동전 던지기와 비슷하다. 이상을 실제로 실천해 보고 그런 자신을 어떻게 생각하는지 테스트하는 것이다. '나다운 모습이어야 해'라는 마음에 얽매이기보다, 오히려 일단 물러나 보면 방법을 알 수 있지 않을까?

'되어 본다'를 '연기한다'라고 바꿔 말할 수도 있다. '연기한다'라고 하면 거짓말이라든가 겉만 번지르르하다는 부정적인 이미지를 갖고 있는 사람들이 많다. 하지만 인간관계에서는 누구든 상대에 맞춰 나름대로 연기를 하고 있다. 그것이 배려이자 타인을 위한 생각일 때도 적지 않다.

연기를 하다가 나다운 모습이 보일 때도 있다. 일단 무리하지 않는 범위라도 좋으니, 이상적인 자신이 되어 보면서 나다운 모습을 조금씩 찾아보자.

할 일보다
하지 않을 일을 정하자

대화에서 쓸데없는 문제를 일으키지 않기 위해서는 무엇을 할지보다도 무엇을 하지 않을지를 꼭 이해해 두었으면 좋겠다.

대화에서는 말이 많거나, 쓸데없는 말을 하거나, 괜한 참견을 하는 등의 행동이 문제의 원인이 될 때가 종종 있다. 그리고 많은 경우, 본인은 그것을 쓸데없는 말이나 행동이라고 생각하지 않는다. 대부분이 상대를 상처 입히거나 불편하게 만들기 위해서가 아닌, 어디까지나 상대를 생각하고 상대가 좋아할 거라고 생각하기 때문이다.

그래서 상대의 반응이 기대와 다르면 '왜 그러지?' 하고 이상하게 생각한다. "왜 그래?", "왜 그렇게 생각해?", "왜 그런 식으로 받아들이는 거야?"라고 마치 상대에게만 원인이 있는 것처럼 말하거나 '그런 식으로 생각하는 상대가 나빠'라고 생각하며 수습은 물론이고 관계를 만드는 것 자체를 포기하기도 한다.

하지 않을 일을 정하자

자신의 일은 하겠다고 결심하는 것이 중요하다. 예를 들면, '건강을 위해 하루에 만 보를 걷겠다', '균형 잡힌 식사를 하겠다', '잠은 6시간 자겠다' 등 해야 할 일을 정해두면 실천하기 쉽다.

하지만, 이것이 타인의 일이 되면 할 일 전체만 늘어나기 쉽다. 상대가 바라지 않는 일까지 한다면 쓸데없고 괜한 일을 하게 될 수도 있다. 어떤 일을 하지 않겠다고 결심하는 것도 중요한 배려이며, 이 또한 대화 기술 중 하나다.

예를 들어, "어질러져 있다면 정리한다"라는 말을 실천할 때, 다른 사람의 책상 위까지 멋대로 정리해 버린다면 어떨까? 나름대로 '하는 김에 정리해 줬어'라는 의도였어도 상대 입장에서는 '멋대로 내 물건을 만졌다'라는 불쾌감만 느낄 수 있다.

상대에 대해 알고 싶어서 질문을 할 때도, 공격적으로 질문을 해대면 상대는 '자꾸 물어본다'라고 기분 나빠할 수도 있다.

대화에서는 상대가 부정적인 반응을 보여 '저질렀다'라고 생각할 만한 일이 발생했을 때를 대비해, 무엇을 할지만이 아닌 너무 과하게 행동하고 있진 않은지 잠시 멈춰서 생각해 보는 시간도 가졌으면 좋겠다.

너무 과한 행동을 방지하기 위해서는 어떻게 해야 할까? 하지 않을 일을 생각하면 힌트가 보인다. 예를 들면 다음과 같은 식이다.

- 공격적으로 질문한다. → 필요 이상으로 캐묻지 않는다.
- 모 아니면 도로 나누려고 한다. → 0인지 100인지 극단적으로 내몰지 않는다.
- 지나치게 정답만을 추구한다. → 틀렸다고 단정 짓지 않는다.

대화할 때 캐묻지 않는다고 정해두면 상대가 답하기 어려워할 때 자연스럽게 슬쩍 화제를 바꿀 수 있다. 내몰지 않는다고 정해두면 상대의 모호한 태도도 받아들이면서 이야기할 수 있다.

예전에 함께 일한 요리 연구가가 이런 말을 한 적이 있다.

"요리는 조미료를 넣으면 맛있어진다고 착각하기 쉽다. 하지만, 많이 넣을수록 원하는 맛과는 달라진다. 최소한으로 넣어야만 재료의 맛을 최대한으로 끌어낼 수 있다."

인간관계도 마찬가지 아닐까? 좋은 관계를 만들기 위해 좀 더 뭔가를 해야 한다고 생각하고 그에 얽매이면, 원래는 하지 않아야 하는 일을 해버리거나 조금만 해도 좋은 행동을 과하게 하게 된다. 대화와 관련된 문제를 줄이려면, 하지 않을 일도 정해 보는 게 어떨까?

억지로
해결하려 할 필요 없다

혹시 '문제가 발생하면 어쨌든 빨리 해결해야 해!'라고 생각하고 있지 않은가? 확실히 문제를 방치하면 사태가 악화되는 경우도 있으며, 못 본 척한다고 해서 현실이 바뀌는 것도 아니니 그대로 내버려 두는 건 추천하지 않는다. 그래서 이 책은 수습하는 방법을 소개하고 있다.

하지만, 그렇다고 해서 어떻게든 하려고 필사적으로 움직이는 것만이 반드시 좋은 결과를 이끄는 방법이라고는 할 수 없다. 빨리 어떻게든 해결하려는 마음이 너무 강해서 문제를 더 크게 키우거나 오히려 상대와 자신에게 깊은 상처를 만드는 일도 있다.

'시간이 약이다', '이 또한 지나가리라'라는 말이 있다. 이 말은 시간이 지나면 자연스럽게 문제가 치유되고 해결된다는 것을 의미한다. 시대와 상황이 시시각각 변하듯이, 사람의 마음도 변한다. 희로애락 중 한 가지가 영원히 이어지는 일은 없으며, 다양한 마음이 짙어지거나 옅어지면서 그라데이션을 이룬다.

예를 들면, 옛날에 정말 좋아했던 것을 지금은 그렇게 좋아하지 않는다든가, 옛날에는 싫어서 어쩔 줄 몰랐던 것이 지금은 좋은 경우도 있지 않은가?

사람은 감정의 생물이며 그 감정에는 2종류가 있다고 한다. 바로 정서와 기분이다.

- **정서**: 명백한 원인으로 생겨난 강한 감정. 생리적 반응과 특정 행동을 일으켜 몇 초에서 몇 분 동안 지속된다.
- **기분**: 명백한 원인이 없이 막연하게 생기는 감정 상태. 유쾌함과 불쾌함 등을 일으키며 몇 시간에서 며칠간 지속된다.

정서는 순간적이며 기분은 지속적이라는 차이가 있는데, 모두 영원히 이어지지는 않는다.

옛날에 근무했던 직장에서 팀 멤버와 의견 차이가 발생해 분위기가 험악해진 적이 있었다. 당황해서 빨리 어떻게든 하자는 생각에 대화를 하려고 이런저런 노력을 했지만, 가까이 다가가려 할수록 멀어지는 상태였다. 몹시 곤란해서 당시의 상사에게 상담했더니 이런 말을 들었다.

"다른 사람을 자기 멋대로 휘두르려 하지 마."

이때의 나는 내 기분을 진정시키기 위해 필사적으로 해결하고자, 상대에게 천천히 생각할 여유조차 주지 않고 있었다. 이후, 조금 거리와 시간을 두고 다시 말을 걸어 봤더니 상대 또한 "나도 어른스럽지 못했어"라고 말해 다시 이야기하는 자리를 갖게 되었다. 내심 조마조마했는데 정말 기뻐했던 기억이 난다.

인간관계를 해결하는 것은 어렵기 때문에

사람은 이치와 이론, 숫자만으로 이뤄져 있지 않다. 마음을 갖고 있으며, 감정이 있고 각각 다른 가치관을 갖고 살아간다.

그래서 아무래도 문제가 일어나게 되는데, 정답이 하나가 아니기 때문에 사람과 사람 사이에서 일어나는 일을 완전히 해결하는 것은 가뜩이나 어려운 일이다.

애초에, 문제란 둘 사이의 차이나 틈을 가리킨다. 즉, 인간관계의 문제는 자신과 상대와의 차이로 발생한다고 바꿔 말할 수 있다. 그 문제를 해결하기가 어려운 이유는 차이가 모두 잘못된 것이 아니기 때문이다. 이를 억지로 해결하려고 하니, 반발이 일어나거나 불만이 생겨 상처가 벌어지는 것이다.

대화는 한 가지 정답을 내어 해결하기 위한 것이 아닌, 차이가 어디에 있으며 서로를 어떻게 이해할지를 알아가기 위한 행위다. 섣불리 해결에 너무 집착하면 대결을 만들어 버린다. 고민될 때는 조금 시간을 두고, 마음과 머리에 여유를 갖는 것도 중요하다.

해결하는 것이 전부는 아니다. 살짝 시간을 두면 상대의 마음도 진정되고 상황도 변할 수 있다. 지금 억지로 해결하려고 초조해하기보다 대범한 마음을 갖고 넓은 시야로 인간관계를 생각하면 오히려 좋은 관계를 구축해 나갈 수 있다. 수습하기를 포기하지 않는 마음을 갖고, 눈앞의 문제 해결에만 얽매이지 않는 마음도 가졌으면 좋겠다.

마지막까지 읽어주신 독자분들께 진심으로 감사를 전한다. 이 책이 여러분의 대화에서 고민이 조금이라도 줄어드는 데 도움이 되었으면 좋겠다.

대화에는 실수가 있기 마련이지만 수습을 통해 더 좋은 관계를 만들 수 있다는 것을 꼭 명심하고, 대화를 어렵게 생각하거나 포기하지 말길 바란다. 작은 일이라도 좋으니 할 수 있는 일을 찾아봤으면 좋겠다.

대화에서 제일 중요한 것은, 당신이 기분 좋은 상태가 되는 것임을 잊지 말았으면 좋겠다. 과도하게 억지로 참거나 노력하면 상황이 조금 좋아질 수는 있겠지만, 당신이 마음 편히 대화를 즐길 기회는 멀어질 것이다. 수습은 옳은 상태를 만들기 위해서가 아닌 좋은 상태를 만들기 위한 일이다. 상대와 자신의 마음이 편안해지는 것을 목표로 삼았으면 좋겠다.

이 책에서는 수습의 힌트를 여러 가지 이야기했는데, 당연히 모든 내용이 절대적인 정답은 아니다. 이 책을 한 가지 힌트로 삼아 당신에게 중요한 사람을 소중히 대하는 방법을 꼭 생각해 보았으면 좋겠다. 상대를 생각하고, 관계가 개선되기를 바라는 마음을 갖는 것이야말로 수습의 근본이며, 무엇보다도 강한 대화의 힘이기 때문이다.

마지막으로, 이 책을 집필할 때 많은 분께 도움을 받았다. 이 자리를 빌려 깊이 감사의 인사를 드리고 싶다. 또한, 일본실업출판사의 편집부 여러분께 기획부터 교정 그리고 집필에 이르기까지 다방면에서 정말 따뜻한 응원을 받았다. 진심으로 감사드린다.

무엇보다도 수많은 대화 관련 도서 중에서 이 책을 선택한 당신에게 진심으로 감사를 전한다. 어디선가 다시 만날 수 있기를 바라고 기대하겠다.